イライラに困っている子どものためのアンガーマネジメントスタートブック

佐藤恵子 著
一般社団法人アンガーマネジメントジャパン
臨床心理士

教師・SCが活用する
「怒り」のコントロール術

はじめに

　私が学校現場でカウンセラーとして働き始めたのは，今から 20 年くらい前のことでした。勤務していた中学校の相談室は，どちらかというとやんちゃな男の子や女の子が集まる場所でした。何かをきっかけに壁を殴り，机を倒し，怒鳴り散らす……そんなことが多々ありました。

　自分の怒りを暴力や暴言でしか表現できない彼らのことを今でもよく覚えています。きっと何かを伝えたかったのだろうと思います。怒りだけではなく，不安，悲しみ，辛さ，寂しさ，悔しさなどの気持ちをいつも抱えていました。

　彼らも，今では父親や母親になっているでしょう。"彼らは今，どのように我が子と向き合っているのだろうか"とふと頭をよぎることがあります。

　子ども達の暴言・暴力，いじめなどの問題行動は今に始まったことではありません。昔もありました。どこにでもありました。でも，現代の子ども達はなぜこんなにも陰湿になったり，これでもかというほど相手を追い詰め，死に至るまで，あるいは相手が死を選ぶまでの問題行動に出てしまったりするのでしょうか。

　一方，暴力や暴言（SNS などに書かれるものも含め）を受けた子ども達は，不登校や自殺という形を取るまで，なぜじっと耐え続けなくてはならないのでしょうか。暴力や暴言を受けた子ども達も，どれほど心の奥に怒りの感情を抱え，またその奥にさまざまなネガティブな感情を抱えていたことでしょうか。彼らの本心を伝えることもなく，受け止めてもらえることもなく，自分の命を絶ってしまった子ども達。

　平成 28 年 10 月に文部科学省から発表された「児童生徒の問題行動等生徒指導上の諸問題に関する調査」によると，校種間の差はあるものの，前年度より暴力行為，いじめ，不登校等の件数は増加を示しています（文部

科学省，2016）。

　暴力行為，いじめなどの問題行動も一向に減っていないのが現状です。子ども達の問題行動の背景にあるものを探るために，さまざまな取り組みがなされていますが，さらに深く取り組まなくてはならない時期に来ているのではないかと考えます。その取り組みの一つが感情教育です。

　昔もいじめはありました。悔しい思いをしたり，傷ついたり，辛かったり，そんな気持ちになることも多々ありました。今と昔，何が違うのかと考えた時，昔はネガティブな感情を聴いてくれたり，声をかけてくれたりする大人が周りにいたように思います。話せる場所があったように思います。

　話を聴いてもらうことで，何だか心がほっとした経験が私にもあります。だからこそ，「あー，私は今，苦しいんだ」と自分の気持ちに気づき，向き合うことができました。そして周りの人に自分の気持ちを受け止めてもらえる経験をすることで，ネガティブな感情を何とか自分の中で抱えながらも，毎日の生活が送れたのではないかと思います。

❖ 自分の感情を大切にするということ

　今，暴力を振るう子ども，いじめをする子ども，じっと我慢をしてしまう子ども，みんなが「自分の感情（気持ち）」に向き合う時間が必要です。この怒りは何に対して？　この悔しさは何に対して？　この悲しみは何に対して？　子ども達だけではなく，大人も自分の感情に向き合う時間が必要だと思います。

　現代のIT技術の進歩は，学校や企業においてさまざまなメリットをもたらしています。教育分野では，遠隔授業の実施，疑問点の解決や新たな発見ツールとして活用され，企業ではテレビ会議が行われるなどたくさんの恩恵を享受しています。

　一方では，何か失われているように思います。何か大切なものが置き去りにされているようで仕方ありません。その何かとは，「感情」です。

　終わりのない子ども達の不登校，暴言・暴力そして自殺が，私達大人にメッセージを送っているように思えてなりません。

はじめに

子ども達には，自分の感情を伝える場所と時間が必要です。自分の感情を聴いてくれる人が必要です。そのような時間，場所，人に出会い，自分の感情を伝え，聴いてもらえる経験を重ねることで，人は硬くなっていた心を緩めることができるのです。

❖ アンガーマネジメントが授業に導入されて

私は，アンガーマネジメントを8年前に公立中学校に伝えました（佐藤，2016）。伝えたかった理由があります。

その理由は，いじめ，暴力や暴言，そして自殺の要因の一つに，子ども達の感情のコントロールの難しさがあると感じたからです。日常生活の中で子ども達を見ていても，「ふつう」「別に……」「無理，無理」「わかんない」などの短い単語で自分の感情を表す子ども達が増えてきています。ネガティブな感情はあるけれど，何事もないかのように平気な顔をしている，問題や悩みを抱えていてもそれに向き合うことを恐れている，あるいは回避している子ども達が多くなったと思います。

このまま行ったら，いじめなどの問題行動が減ることはなく，むしろ増えていくのではないかと危惧しました。

今の仕事につく前は，異年齢の子ども達と一緒に身体表現活動をしていました。そこでは子ども達がお互いの気持ちをぶつけ合う場所と時間がありました。しかし，今の子ども達には，そのような時間と場所がなく息切れしてしまい，いつか心の闇を抱えながら，自分も他者も傷つけながら生きなくてはならない時代が来てしまうのではないかと思ったのです。

このような考えを，当時スクールカウンセラーとして赴任した学校の校長先生に伝え，教師への研修からスタートしました。私は，学校の授業の中に，アンガーマネジメントを学ぶ時間が必要だと考えています。教師が授業者となりアンガーマネジメントを伝えるのです。そのために，教師自身がアンガーマネジメントを学びます。これだけさまざまな問題が起こり，それらに対応しなくてはならない教師も，困難，戸惑いを抱え，ストレス状態であると思います。

だからこそ，教師が自分の感情に向き合うことで，子ども達の感情を理

解でき，その結果お互いを理解することができると思います。大人も子どもも，人間には感情があります。人間は感情があるからこそ，お互いにつながることができるのです。大人や子どもという枠を超えて，感情について学び，つながることができるのがアンガーマネジメントの授業なのです。教師も子どもの時代がありました。だから，きっと経験したことをふまえ一緒に子ども達と考えたり話し合ったりすることができ，一緒の時間と空間を味わえるのではないかと思います。

❖ 大人にも必要なアンガーマネジメント

教師だけでなく，親にとっても多忙な毎日の中，アンガーマネジメントを学ぶことは，ご自身を振り返る大切な時間となります。

学校で心のケアに携わるスクールカウンセラーやスクールソーシャルワーカーにもアンガーマネジメントを知っていただき，子ども達とのかかわりにぜひ，アンガーマネジメントを生かしていただきたいと思います。

さらに，子ども達の日々の生活や学校生活を支えてくださっている地域の方々にも，子ども達の問題を少しでも減らすために，アンガーマネジメントを知っていただきたい。そして将来，どの人ともアンガーマネジメントを通じてつながっていきたいと考えています。

私が実践してきたことをこの本の中に記しました。本書をお読みいただき，学校現場で働く皆様の日々の活動に活用していただければ，こんなに嬉しいことはありません。

なお，本書の中の事例は，筆者の経験を基に，具体的な理解に役立つことを目的に，本人を特定できないように再構成しました。

も く じ

はじめに……3

第1章　アンガーマネジメントとは何か……13

1．アンガーマネジメントは怒りの感情を抑えることではない……13

2．アンガーマネジメントのはじまり……14

3．1970年代以降のアンガーマネジメント……15

　　❖ 感情について学ぶ……15

4．健全な職場環境維持とメンタルヘルス予防のための
　　アンガーマネジメント……16

5．アンガーマネジメントと認知行動療法……16

6．ストレスについて……18

　　❖ ストレスとストレッサー……18
　　❖ さまざまなストレッサー……19
　　❖ 良いと思われる出来事がストレッサーに……19

7．ストレスと脳……20

8．ストレスとアンガーマネジメント……21

　　❖ 心と身体に影響を及ぼす怒りの感情……21
　　❖ 「ストレス風船ワーク」で自分のストレッサーやストレスを理解す
　　　る……22

9．怒りの感情の正体……25

　　❖ 怒りの氷山モデル……26

10．相手を理解するために，まず自己理解……28

第2章　アンガーマネジメントの実践……30

1．アンガーマネジメントの目標……30
❖ アンガーマネジメントの目標と２つの原則……30

2．アンガーマネジメントの４つの領域……33

3．ストレスマネジメント……34
❖ ストレスマネジメントの実践……35

4．認知変容……56
❖ 自分の考え方のくせは？……56
❖ 自動思考と信念……60
❖ 自己理解のためのアンガーログ……61
❖ 考え方を変えて生きづらさを改善したエピソード……64
❖ 自分のオリジナルの「心の救急箱」を準備しておこう……67

5．傾　　聴……67
❖ 相手の話を最後まで聴いてみよう……68
❖ 傾聴とは「感情を聴くこと」……69

6．アサーティブコミュニケーション……70
❖ ４つのコミュニケーションパターン……71
❖ DESC 法でアサーティブに伝える……72
❖ こんなふうに伝えたら NG ！……75

第3章　子ども達の現状……79

1．２つのタイプの「きれる」子ども……79
❖ さまざまな子ども達のサイン……79
❖ 大人に減ってきた心のゆとり……80

2．感情コントロールが難しい子どもの理解……81
❖ 怒りの感情を外側に向ける子ども達……81
❖ 子どもが困った時こそできる対応……82
❖ 怒りの感情を内側に向ける子ども達……83
❖ 身体症状が「私のことをわかって！」のサイン……84
❖ スクールカウンセラーができる親や教師への支援……86

もくじ

❖ いきなり「きれる」ことはない……87

3．暴れる子どもへの対応事例……87

❖ 子どもを信じて向き合う心の姿勢（小学校）……87

❖ 中3の男子生徒からのメッセージ「アンガーマネジメントを広めて！」（中学校）……91

4．いわゆるよい子への対応事例……98

❖「いやいやワーク」で笑顔になった小学3年のYさん……98

第4章　発達段階に応じたアンガーマネジメント……101

1．発達段階ごとの子どもの心理の特徴と課題……101

2．児童期のアンガーマネジメント……103

❖ 学校現場での取り組み（個人カウンセリング）──小学校……104

❖ まず大人が身体感覚を自覚する……106

❖ 感情を言葉で表現することの大切さ……107

❖ アンガーマネジメントを授業に取り入れる（小学校）……110

3．思春期のアンガーマネジメント……113

❖ 教師・親への研修で伝えていること……115

❖ 思春期の子どもに寄り添う言葉かけ……115

❖ 怒り感情は増大，しかし悲しみは減少？……116

❖ 怒りの氷山モデルが教えてくれる怒り以外のさまざまな感情……117

❖ アンガーマネジメントを取り入れたカウンセリング事例……117

❖ アンガーマネジメントを授業に取り入れる（中学校）……123

第5章　大人が変われば子どもも変わる……126

1．子どもの言動が教えてくれる心の叫び……126

❖ 子ども達と向き合う大人に大事なこと……128

❖ さまざまな傷つきを経験している大人達……128

❖ 安心・安全と思える居場所づくり……129

2．大人が感情の言葉を増やそう！……130

３．教師同士の人間関係に生かすアンガーマネジメント……131

４．教師やスクールカウンセラーのメンタルヘルスに生かすアンガーマネジメント……133

❖ 親理解に生かすアンガーマネジメント……134
❖ スクールカウンセラーができること……135
❖ 「しつけ」という名の虐待……136

５．ネガティブな感情はお互いを理解するチャンス……138

❖ 小学３年生Ｂ君への対応と変化……139

第６章　学校教育にアンガーマネジメントを！……141

１．心の教育にアンガーマネジメントを導入……142

２．いろいろな学習時間に取り入れる……143

３．特別支援に生かせるアンガーマネジメント……144

❖ アンガーマネジメントの授業を受けた子ども達の感想……144

おわりに……147

文献一覧……150

さくいん……153

ワークシートのダウンロード方法……156

イライラに困っている子どものための
アンガーマネジメントスタートブック

1．アンガーマネジメントは怒りの感情を抑えることではない

　アンガーマネジメントという言葉はここ数年，あちこちで聞かれるようになりました。「アンガー」は怒りと訳されるので，「怒りの感情だけをコントロールすること」と理解したり，中には「怒りの感情」をなくしたりする，あるいは抑えたりすることだと間違ってとらえている人も多く見られます。

　アンガーマネジメントは，怒りの感情が起こった時の一時的な対処スキルを身に付けるだけではありません。アンガーマネジメントは，日常生活の中で怒りの感情が過度に起こらないために，また，衝動的・破壊的な言動を減らすために行う感情のコントロール法です。そのために，自分の怒りの感情を正しく理解し，自分の考えや感情を他者に適切な表現で伝え，より良い人間関係を築くことを目標にしています（Kassinove & Tafrate, 2002）。

　怒りの感情を抑えつけたらどこかで爆発しますし，抑えつけたところでなくなるわけではありません。さらに，アンガーマネジメントを身に付けると，怒りの感情をすぐに上手くコントロールできると思う人も中にはいるのではないでしょうか。また，スキルを身に付けただけで，怒りをコントロールできると思う人もいるかもしれません。スキルを身に付けただけでコントロールできるなら，こんなに多くの問題は起こらないのではない

かと思います。

怒りの感情は奥が深い感情です。パワーのある感情です。怒りの感情を悪い形で表現したら，どんどん悪い方向へ行ってしまいますが，良い方向へ向けたら，いろいろな力が湧いてきて，良い結果をもたらすこともあります。ですから，怒りの感情から生まれるパワーを良い方向へ使うためにもアンガーマネジメントは必要なのです。

2．アンガーマネジメントのはじまり

「怒り」を研究した人に，古代ローマの哲学者セネカがいます（兼利訳，2008）。彼は，生涯をかけて怒りの感情について研究をしたと言われています。

セネカは，人間関係の中で起こる怒りの感情に対処することが大切であると述べました。古代ローマ時代から人間関係に言及して怒りの感情を研究していたのです。その後，現代になるとドナルド・マイケンバウム（Meichenbaum, 1989）は，認知行動療法を用いて，不安の治療に成功し，のちにレイモンド・ノヴァコに影響を与えました（Novaco, 1976; 1977a）。ノヴァコは，マイケンバウムが開発した「ストレス免疫訓練法」を1970年代にアンガーマネジメントに応用しました。

このノヴァコの業績により，現代のアンガーマネジメントが広がっていきました。認知行動療法をベースとするアンガーマネジメントは，行動的な技法としてリラクセーションを学び，認知的な技法では，怒りを引き起こす状況を知り，異なる視点から状況をとらえ，冷静にその状況に対処できるようになることが重要である，と述べています。ノヴァコによって発展してきたアンガーマネジメントが怒りの頻度と持続時間の低減に有効であることが，ベックとフェルナンデスによっても立証されています（Beck & Fernandesz, 1998）。

ノヴァコ（Novaco, 1976）は，怒りの感情を全て悪い感情とするのではなく，一般的に怒りと攻撃の解釈の混乱により，適応的な機能の評価があいまいになってしまい，怒り＝破壊的な力ととらえられてしまったことを示唆しています。しかし，怒りには，適応的な機能があり有益な効果があ

ることも述べています。

怒りの感情の適応的な機能
① 活性化機能：ほとんどの社会運動は，怒りが原動力となっている。
② 表出機能：健康的な人間関係では怒りの感情も伝えられるし，その他の
　ネガティブな感情も相手に伝えられ，お互いの関係をさらに改善できる。
③ 弁別機能：怒りの感情により，動揺したり，緊張したりするが，その
　状況における精神的な深刻さを知らせてくれるサインにもなる。

3．1970年代以降のアンガーマネジメント

　1970年代以降，患者の精神療法として（Novaco, 1977a），また，慢性的
な怒りを抱えている発達障害を持った人（Taylor & Novaco, 2005）やスト
レス負荷の高い警察官や法務執行官などを対象にストレス免疫訓練法を取
り入れたアンガーマネジメントが実施されてきました（Novaco, 1977b）。
その後，アメリカをはじめイラン，マレーシアなどさまざまな国の教育
分野で危機介入や感情教育の一環として発展してきました（Wilde, 2001;
2002; Fitzell, 2007; Valizedeh, 2010; Feindler, 2011; Nasir, 2014）。

　アメリカにおいては，事件を起こした場合，裁判所からアンガーマネジ
メントプログラムを受けるよう通達されます（コートオーダー）。教育，司
法分野だけではなく，一般社会においてはビジネス，医療・福祉，スポー
ツの分野でも，また，夫婦カウンセリングや家庭内暴力等のカウンセリン
グにもアンガーマネジメントが取り入れられています。

❖感情について学ぶ

　アンガーマネジメントを，ただスキルを身に付ければよいのだととらえ
ている人もいるようです。しかし，怒りの感情は，スキルを身に付けただ
けでは簡単にコントロールできるものではありません。感情を扱うには，
しっかり感情について学ぶことが大事です。

　アンガーマネジメントという言葉は外国から来た用語ですので，一見と
っつきにくく思うかもしれません。しかし，人であれば誰もが怒りの感情

をもっています。怒りの感情への対処は万国共通の課題でしょう。ただ，国によって，同じ出来事でもとらえ方は違うので，怒りの表出の頻度や程度は違うかもしれません。そのような文化的な背景も視野に入れながら，日本に適したアンガーマネジメントを構築していくことが必要であると考えています。

4．健全な職場環境維持とメンタルヘルス予防のためのアンガーマネジメント

平成28年3月の厚生労働省「パワーハラスメント対策導入マニュアル（第2版）」によりますと，近年，都道府県労働局や労働基準監督署へのパワーハラスメントに関する相談が増加しています。パワーハラスメントを原因とする精神疾患等が理由の労災保険の支給決定件数も増加しており，パワーハラスメントが社会問題として顕在化しています。

医療・福祉，教育分野においても「ハラスメント」の問題は起きています。被害者のみならず，周りの人達の士気の低下やメンタルヘルスの不調にもつながります。

このように社会で問題に取り上げられるパワーハラスメントも一種の「いじめ・いやがらせ」です。学校の中で起こるいじめと同じ構造だと私は考えます。「"いじめ"は止めよう！」の前にまず大人が自分の言動に気づくことが重要なのです。

個人カウンセリングにおいても，パワーハラスメントの行為者を対象にアンガーマネジメントを取り入れたカウンセリングを行う場合があります。とにかく，人がいるところでは，さまざまな感情が揺れ動いています。どの分野においてもアンガーマネジメントは「必須」と言っても過言ではありません。

5．アンガーマネジメントと認知行動療法

前述したようにアンガーマネジメントのバックボーンとなっているのは，認知行動療法です。認知行動療法とは，日常生活の中で起きる出来事に対する認知（とらえ方や考え方），感情，身体反応，行動の悪循環を見直

し，より幅の広い考え方をすることで，問題解決を目指す心理療法です。

認知行動療法では，ノヴァコ（Novaco, 1976）がアンガーマネジメントで大事なことは，「怒りを引き起こした状況を知ること」だと述べたように，その人が置かれた状況や出来事（環境）に焦点を当てます。その出来事のもとで，その人がどのような体験をしているかという視点で問題を解決していきます（竹田，2017）。つまり，問題は環境と人との相互作用で生まれたものとみなします。そこで，お互いに影響を受けているのなら，どこを変えたら問題解決がしやすいかを考えていきます。

出来事に対する認知，感情，身体反応，行動の中で，自分でコントロールしやすいのは認知と行動です。認知を変えることで，感情が変わります。感情が変わることで行動にも変化が現れます。このように，変えられないことより，自分で変えられるところに焦点を当てていきます。認知行動療法では，問題が継続している悪循環に注目し，その悪循環を断ち切ることで問題解決をしていくのです。

認知行動療法では，過去を延々と掘り下げたり，人のせいにしたりすることはしません。今の問題が過去のエピソードから影響を受けていることは多々あるので，全く過去のエピソードに触れないということではありません。そのエピソードが今現在，どんな悪循環を生み出しているのか，そしてどの部分をどのように変えていき，悪循環を断ち切ったら問題解決へつながるのかに力を入れていきます。

アンガーマネジメントを取り入れたカウンセリングを行うと，その人の過去のエピソードが，特に認知の部分に影響を与えていることがわかります。物事への偏った見方やとらえ方（認知の歪み）を修正していくことで，別の視点から自分の置かれている状況を見ることができるようになります。その結果，問題への対応もできます。ノヴァコ（Novaco, 1976）が述べているように，異なる視点から状況をとらえることが重要なのです。

認知行動療法は，もともとは心理療法として発展してきましたが，医療・福祉，看護，介護，産業や教育などさまざまな分野に活用することが可能になりました。このような流れの中，認知行動療法をベースとするアンガーマネジメントもさまざまな分野で取り入れられています。

6．ストレスについて

❖ ストレスとストレッサー

ストレスと怒りの感情は密接に関係します。ストレスという言葉は，日常生活で当たり前の言葉となっています。この本を読んでくださる方は，教師やカウンセラーの方が多いでしょうか。「いまさら，ストレスについて聞く必要はない」と思われる方もいるかもしれませんが，復習だと思って読んでください。

ストレスとは，もともとは物理学の用語で，一般的には，「生体が外部から刺激を受けて緊張やひずみの状態を起こし，これらの刺激に適応しようとして生ずる生体内部の非特異的な反応」と言われています（南谷，1997）。

ストレスを現在，私達が用いている意味で最初に使ったのは，カナダの生理学者ハンス・セリエです。そして，ストレスを引き起こす外的な刺激をストレッサーと言います。

辻（2016）は，ストレスには上記の外的刺激（ストレッサー）と自分自身の内側で感じている心の状態として表現されるストレスがあると述べています。多くの人が，この二つの言葉を区別しないで使っていると指摘しています。

例えば，ある人が，「もう仕事が山積みで，終わらない。ストレスだよ」と言ったとします。ここで言うストレスとは，「仕事が山積みで終わらない」という外的刺激であるストレッサーの話をしているのです。

一方，その「仕事が山積みで終わらない」状況で，「何でいつもこんな状態が続くのか！」とそのことを考え続け，それにより怒り，焦り，不安などの感情を抱えている状態が，「ストレスがある」あるいは「ストレス状態」ということになります。ストレス状態になるとさまざまなストレス反応が起こります。感情面以外にも，身体面では，頭痛，胃の具合が悪い，口内炎ができるなどの反応が起こります。また，行動面でも朝起きられない，暴飲暴食などの反応が起こります。

❖ さまざまなストレッサー

私達は，五感を通して外的な刺激を受け，毎日の生活を送っています。ストレッサーとなる要素は，大きく5つに分けられます。

① 物理的ストレッサー

騒音（工事現場の音や隣人の出す音など），温度（寒暖）や季節の変わり目，湿度など。

② 化学的ストレッサー

アルコール，たばこ，化学物質による目や喉への刺激など。

③ 生物学的ストレッサー

花粉，ウィルス，細菌，感染など。

④ 心理社会的ストレッサー

男らしさ・女らしさ，職場や家庭での人間関係，パワーハラスメント，昇進，超過勤務，失業などから生じる不安，葛藤，怒り，焦りなど。

⑤ 生理的ストレッサー

空腹，体調不良，発熱，病気，痛み，疲労，睡眠不足など。

どれも「ある，ある」と言えるくらい，私達はさまざまなストレッサーから影響を受けながら毎日を過ごしています。しかし，全てのストレッサーが悪いとは言えません。「緊張感があるとかえってやる気が起きる」という人もいます。適度なストレスは良い刺激となり，次のステップに進むきっかけにもなります。

❖ 良いと思われる出来事がストレッサーに

反対に，周りから見たら「良いこと」「喜ばしいこと」と思われる結婚，出産，昇進などが，本人にとってはストレッサーとなる場合もあります。

「育児，大丈夫かな？ 育てられるかな？」と不安のほうが大きくなり，ストレスを極度に感じる人もいます。また，子どもが生まれたことで，自分と親との関係を思い出して，苦しくなってしまう人もいます。

会社で昇進したので，周りから「おめでとう」と言われるけれど，本人

にとっては責任が肩の上に重くのしかかり，「嬉しいんだけれど，周りを引っ張っていけるか不安……」と感じストレスが溜まっている人もいます。

　先にも述べたように，日常生活で全くストレス状態に陥らない，という人はめったにいないと思います。なぜなら，ストレッサーを日常生活からなくすことはできないからです。

　要は，ストレッサーをどう自分の中でとらえるかで，心の状態も変わってきます。ストレッサーとなる昇進も，「さらに自分を成長させてくれる機会だ」ととらえれば，ストレスもそれほど大きくならないと思います。

7．ストレスと脳

　ストレスは，霊長類のうち人間で最も発達している大脳皮質前頭前野（前頭葉）に，影響を及ぼします。大脳皮質前頭前野は，高次の脳機能を司るところです。高次の脳機能とは，人間が進化する過程で獲得した他の動物よりも優れた認知機能のことです。その認知機能は，出来事が起こったら，行動すべき内容を明確にし実行に結び付ける，学習する，物事を考える，計画を立てるなどの働きをします（加藤，2014）。人間が他の動物と違うところは，この認知機能が発達しているところなのです。

　一方，この認知機能が良い方向に働けばよいのですが，かえって物事を悪い方に考え，行動に移すということも起こってきます。日常生活で起こるさまざまな出来事や人間関係は，自分の思う通りにはなりません。しかし，私達は発達した認知機能をもっているので，問題が起きた時やストレスが溜まった時にそれを解決しようと考えます。この考えが偏った考え方だったり，考え方の幅が狭かったりすると問題を解決できず，結果的にはストレスを抱えてしまうことになるのです。

　また，前頭葉には感情をコントロールする機能もあります。過度なストレスを抱え込んでしまうと，上手く認知機能が働かなくなるので，冷静に物事を考えられなくなります。「自分はダメな人間だ」という考えが頭に浮かび，不安や怒りが増幅したり，体調も悪くなったりします。慢性化したストレスは，心身に変調をきたし，うつ，不安障害，パニック障害などを引き起こすと言われています（高木，2010）。その結果，行動（パフォー

マンス）もストップしてしまうのです。

このような悪循環を起こさないためにも，過度なストレスを減らすということが大事になってきます。

8．ストレスとアンガーマネジメント

❖ 心と身体に影響を及ぼす怒りの感情

このように，日常生活の中で，ストレスを過度に溜め込むようになると，物事を悲観的に考える傾向が強くなってきます。辻（2016）も，「もともと脳機能の習性として，人はネガティブな意味付けを起こしやすいという特徴」があると述べています。

ネガティブな意味付けをすれば，不安，焦り，辛さ，苦しさ，怒りなどネガティブな感情も多くなり，心身のバランスを崩します。中でも怒りの感情は，心と身体に影響を及ぼします。特に身体面では自律神経に影響を与えます。自律神経は，さまざまな内臓器官の働きを調整していて，自分では意識的にコントロールすることができません。

人間の自律神経には，活動時に活発になる交感神経とリラックスしている時に活発になる副交感神経があります。2つの神経はバランスを取りながら働いています。

ストレス状態が続くと交感神経が優位になり脳は興奮し，血圧上昇，心拍数の増加，発汗，肩こり，息づかいも荒くなります。交感神経優位になっているため，胃腸を活発に働かせてくれる副交感神経の働きを弱め，胃の消化も悪く胃もたれがしたり，ぐっすり眠ることもできません。

和田（2010）は，「脈も速くなる状態が繰り返されると，高血圧や動脈硬化，あるいは心臓の壁が厚くなる心肥大になる可能性が高くなる」と述べています。つまり，脳卒中や心筋梗塞になりやすいということです。

このように，身体への影響が大きくなると，今までできていたこともできなくなったり，感情にも影響を与えイライラしたりすることが多くなります。それがまた精神的な病にもつながってしまうのです。

アンガーマネジメントでは，自分の認知（出来事に対するとらえ方や考え方），感情，身体，行動に焦点を当てます。その上で，イライラしやすい

「自分の考え方のくせ（認知の歪み）」を知り，目の前の現実と自分の考えの違いを探ります。自分の考え方を修正したり，今までの考え方を少し緩めたりしながら，心身のバランスを保ち，行動を修正し，問題を解決していきます。認知機能が良い方向に働くためにも，過度なストレスは減らしたいものです。

❖「ストレス風船ワーク」で自分のストレッサーやストレスを理解する

　中学生への授業や大人へのアンガーマネジメントの研修でも，必ず「ストレス風船ワーク」を行います。このワークの目的は，目に見えないストレスを可視化することです。ストレスは目に見えないので，ストレス風船の中に，言葉で具体的にストレッサーを書いていきます。可視化することで，自分のストレスの原因となるものが明確になります。

　また，風船をイメージして書いてもらうのにも理由があります。風船は，空気を入れれば入れるほど，膨らみます。つまりどんどん大きくなるということです。とはいえ，限界があります。「パンパンになった風船は，最後にはどうなりますか？」と聞くと皆さんは，「破裂する」と答えます。つまり，私達は何事も我慢すれば何とか我慢できると錯覚していますが，実際には心身は疲弊していき，ストレッサーに適切に対処せず，ストレスを溜めれば溜めるほど，私達の心身は限界に向かっていくのです。

　つまり，ストレッサーに対処しないで，ストレスを溜め込んだ状態に，何か不快な出来事が起こったとします。今までのストレスで，かなり認知機能も働かなくなっていますから，感情のコントロールも難しくなっています。すると，感情をキャッチする扁桃体が暴走を始め，怒りの感情が爆発するのです。その結果，さまざまな身体反応が現れたり，不適切な行動を起こしてしまったりするのです。

　ストレス風船で，この一連の流れ（ストレッサー→感情・身体・行動のストレス反応を記入）を皆さんに振り返って書いてもらいます。記入することで，日頃，自分にはどのようなストレッサーがあり，どのようなストレスを抱えているかが客観的にわかります。

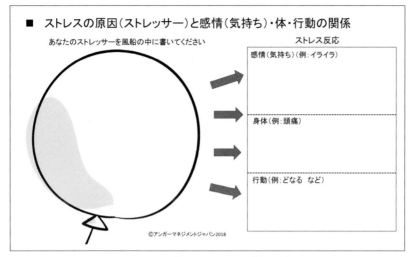

ストレス風船ワークシート（大人用）

　学校のカウンセリングに使える「ストレス風船ワーク」

　東京都のスクールカウンセラーは，小学校5年生，中学1年生，高校1年生の全員に面接をします。私は昨年度から，勤務している私立中学校の1年生に全員面接を導入してもらいました。

　その全員面接の前に，ストレスに関する授業を50分間行います。その時に行うワークが「ストレス風船ワーク（中学生・高校生用）」(p.24)です。ワークシートの中には，3つの風船が書かれています。①学校風船，②家風船，③友達（先輩）風船です。そして，風船の下には，気持ちや行動を書いてもらうタグが付いています。

　子ども達への教示は，「これから3つの風船の中に，皆さんが日常生活や学校生活の中で感じているストレスの原因となるものをいくつでもいいので書いてください。そして，その風船の下に，ストレッサーがいっぱいになるとどのような気持ちになるか，どのような行動をしてしまうかを書いてください。この風船は，個人面接の時に使うので，授業が終わった後，スクールカウンセラーに渡してください」と伝えます。

　このように伝えることで，学校での様子もたくさん書いてくれます。学校のことを書くと先生に知られないかと，緊張して書けない子どももいる

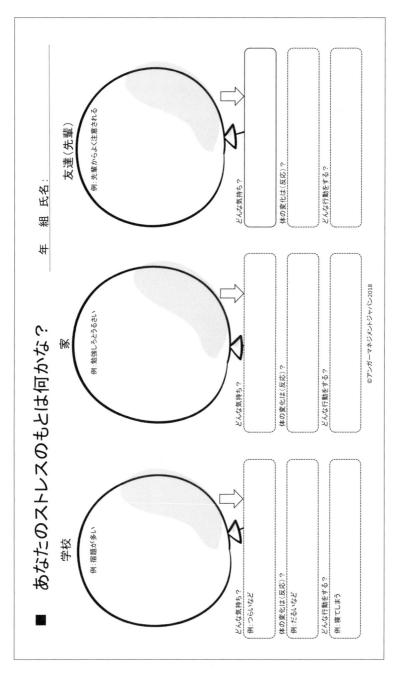

ので，このような配慮をしてシートを渡します。

　ストレス風船が教えてくれる子ども達のストレス

　子ども達の風船の内容によって，どんなストレッサーがあり，どのくら
いストレスを抱えているかがわかります。学校でのストレッサーや家庭で
のストレッサーなどを，一生懸命書いてくれます。そのワークシートを見
ると，その子の状況や状態がどのようなものであるか，また家庭の背景が
どのようなものであるかを理解する手掛かりになります。

　そして，実際の個人面接でストレス風船ワークシートを見ながら具体的
に話を聴くことができます。

　ぜひ，スクールカウンセラーの皆さんも活用してみてください。

９．怒りの感情の正体

　怒りの感情は，私達に何らかのメッセージを伝えてくれる必要な感情で
す。つまり怒りの感情が起こった時は，「本当は伝えたいことがあるんだ
よ！　聴いてくれよ！」と怒りの感情が訴えている，教えてくれているの
です。親業訓練の開発者であるトマス・ゴードンは，「怒りは実は第一次的
な感情ではなく，第二次的，または第三次的ですらある感情です。いきな
り怒りだしたように見える人も，必ずその前に別の感情があります」（近藤
訳，2002）と述べています。

　勉強についていけない生徒がいました。その生徒は，授業中なのに突然，
椅子から立ち上がり，むすっとして黙って教室を出て行きました。明らか
に怒っているのが表情からわかります。この場合，一次感情は何でしょう
か。勉強についていけない，先生が何を言っているのか理解できない辛さ，
困り感，不安や焦りではないでしょうか。むすっとして，怒っているよう
に見える生徒の怒りの感情の前にどんな感情が起こっていたのか。そこに
意識を向けることは大事なことです。

　また，怒りの感情は，「コミュニケーション的な機能」がある感情です。
木村（2002）は，「怒りにはコミュニケーションの側面もあり，そこから
相手の不安や傷つきを読み取ることで，何らかの援助を行う可能性も生ま

れてくる」と述べています。例えば，怒りの感情を抱えている子ども（大人も）は，本当は自分の気持ちをわかってもらいたいと望んでいます。つまり，怒りの感情の前の気持ちです。辛かったり，不安だったり。しかし，その気持ちを上手に表現できないがゆえにさまざまな言動となって現れます。

　怒りの感情は，もちろん破壊力もありますが，怒りの感情を表出したり，怒りの感情によって起こる言動が現れた時，自分，あるいは相手の怒りの裏側にある不安，不信，焦り，恐れなどの感情や傷つきなどを理解する手掛かりになります。そして，怒りの感情を「何かを伝えてくれるサイン」「何かを変えていく原動力」としてとらえ，大切に扱うことが肝要です。

❖ 怒りの氷山モデル

「怒りの正体」について考えてもらう時，氷山を使って説明するとわかりやすいです。海の上に見える氷の塊，これは氷山の一角です。目に見えているのは全体のほんの一部です。水面下にはもっと大きな氷の塊があります。氷山の水面上の見える部分を意識しやすい感情だとします。イラっとしたり，ムカッとしたりするのは，気づきやすい感情ではないでしょうか。「あー，頭にくる！」「はぁ ?!」など，思わず口から洩れてしまう言葉も意識しやすいです。

　例えば次のようなケースを考えてみましょう。あなたは今日，頑張っていろいろ料理を作り，家族の帰りを待っていました。そこへ，メールが入りました。「これから飲み会になったから夕食はいらない」。

　さあ，皆さんは，この場面でどんな感情が湧き起こりますか？　イライラしてきますか？　もし，イライラしてきたとしたら，その感情の裏側には，どんな感情があるでしょうか？

　「せっかく一生懸命作ったのに，誰も食べてくれない……」とても悲しいです。ショックです。とにかくいろいろな気持ちが錯綜するのではないでしょうか。

　意識レベルでは，怒りの感情となって現れていますが（氷山の一角），その怒りの裏側（水面下）には，悲しい，残念など，怒りの感情以外にさま

第1章 アンガーマネジメントとは何か

怒りの氷山モデル

ざまなネガティブな感情があります。実は，怒りの感情の正体は，氷山の下の見えない部分にあります。悲しさ，残念，ショック，寂しさ，不満などネガティブな感情が解消されないで，怒りとなって意識に上がってくるのです。これが，「怒りの正体」です。

　この怒りの感情の正体（水面下の感情）が，「一次感情」，それを基に湧き起こる怒りの感情が，「二次感情」と言われています（Benson, 2006; https://creducation. net）。怒りの感情にはさまざまな感情が含まれていて，複雑な感情です。そして，とてもメッセージ性のある感情なのです。

　児童生徒指導に生かせる「怒りの氷山モデル」
　学校現場では，攻撃的な行動や暴言を吐く，または怒りの感情を含め，さまざまなネガティブな感情を抑え込んで不登校や自傷行為などをする児

童や生徒に対応しなくてはなりません。その時に，この「怒りの氷山モデル」が頭にあると，子どもの行動を理解しやすいです。

怒りの感情により攻撃的な行動を起こす子どもに対して，「怒りがいっぱいで，こんな行動をしている子どもの心の奥にはどんな感情があるのだろうか……」と思いながら接します。行動だけを制止しようとするのではなく，まず怒りの裏側にある感情に焦点を当てて話をすることで，児童生徒が少しずつ心を開き，指導も届くようになるのです。また，不登校や自傷行為などの行動で現れる，児童生徒の心の奥にある感情に焦点を当てることで，不登校などにならざるをえなかった子ども達の心の奥に触れることができます。

学校や学校以外のカウンセリングの場でさまざまなケースに出会うと，来室者が表面的な感情の部分，つまり怒りの感情（氷山の見える部分の感情）をぶつけ合っていることが実に多いと感じます。「相手は自分のことをわかってくれない」「何で怒りを私だけにぶつけてくるのか」など，コミュニケーションが一方通行になっていて，関係性が悪化していると考えられるケースが多いのです。

相手と上手くコミュニケーションを取るためには，相手を理解することが大事です。しかし，相手を理解するためには，まず，しっかり自分の感情に耳を傾け，自分の感情に気づいた上でコミュニケーションをとることが大事なのです。

10. 相手を理解するために，まず自己理解

私も臨床心理士になった当初，自分のことは十分理解していると錯覚していた傲慢な自分がいました。やがて，いくら専門職に就いたからといって，十分自分を理解しているとは限らない，と考えるようになりました。それを考えるきっかけになったのがアンガーマネジメントとの出会いでした。

特に，怒りの感情を扱う大人（カウンセラーや教師など）は，自分の怒りの感情に向き合わないと，相手の怒りが何を伝えたいのか理解できず，結局相手の怒りに巻き込まれることになる場合もあります。あるいは，小

第1章 アンガーマネジメントとは何か

手先のスキルに頼るだけになってしまいます。

　アンガーマネジメントでは，大人も子どもも「自己理解」を大事にしています。自己理解があって，初めて他者理解ができるのです。

　先ほどの夕食の例ですと，「あ〜，私イライラしているな。イライラしているけれど，せっかく一生懸命準備していたのに，食べないなんて言われて，悲しくなっちゃったんだよね。イライラしているけれど，本当は悲しくて，ショックで……そんな気持ちなんだ」というふうに自己理解をしていくのです。

　日常生活の中で起こる自分の怒りの感情に意識を向けるようになると，その裏側にある感情にも気づくようになります。このように自分の感情を意識し，大切に扱うようになると，学校現場だけではなく，自分の身近な人とのかかわりの中で，相手の感情を理解できるようになるのです。ぜひ，日々トレーニングだと思って，自分の感情に意識を向けてみてください。自分の感情をモニターできるようになると他の人，それは児童生徒でも職場の人でも，怒りの感情を表している人の裏側の感情を推測できるようになっていきます。相手の感情を理解することで，相手とどのようにコミュニケーションをとったらよいか，どのように援助をしたらよいかが明確になるのです。

1. アンガーマネジメントの目標

　アンガーマネジメントを身に付けることで，怒りの感情を深く理解し，自分の中に起こるさまざまなネガティブな感情にも意識を向けられるようになります。それにより怒りの感情を客観的に見ることができ，怒りの感情に対処できるようになります。

❖アンガーマネジメントの目標と2つの原則
　アンガーマネジメントは，怒りの感情が頻繁に起こることで，破壊的な問題行動をとったり，人間関係が悪化したりするのを減らすためのものです。そのために，日常生活のストレッサー（ストレスの原因）によって起こる怒りの感情を弱め（最小限にして），ストレッサーに適切に対処し，その怒りの感情を適切な形で表現できるようになることを目標にしています。目標を達成するために，アンガーマネジメントには，2つの原則があります（Kassinove & Tafrate, 2002）。

　2つの原則
1）知識の獲得：怒りの感情が起こった原因や頻繁で強度が高く継続する
　怒りの感情に関連する多くの問題についての知識を得る。
2）練習と実践：アンガーマネジメントプログラムの実施者（教師やカウ

ンセラーなど）は，プログラムを受ける対象者が練習や実践を重ねることで新しい行動の獲得や変化を生じるように促進する。

知識の獲得では，具体的に以下のことを学びます。

アンガーマネジメントプログラムの基盤
　アンガーマネジメントプログラムの実施者と対象者との間で，「怒り」についての基本的な知識を共有することが重要です。基本的な知識とは，以下のものです。

① 「怒り」の定義（Kassinove & Tafrate, 2002）と他の感情との関連
　　「『怒り』は，その人が感じた心の状態であり，他者や物を傷つけたり破壊したりする身体的な行動である『攻撃』とは区別する。怒りの強さや持続期間，頻度には個人差があり，また，認知の歪み，身体反応，言動パターンや人間関係に関連している」。他の感情との関連では，怒りの感情に先行する感情があることを知る。
② 怒りの感情により引き起こされた反応（行動）の引き金になった刺激への気づき
③ 怒りを感じた時の表現の理解
　　怒りの感情を内側に向ける表現の仕方（怒りを感じても言葉や行動で伝えず抱え込む）と外側に向ける表現の仕方（怒鳴る，非難する，罵る，物を投げるなど）を理解する。
④ 「健康的な怒り」と「問題となる怒り」の違いについての理解
　　「健康的な怒り」の場合，怒りに先行する感情，考え（思考），そして身体感覚を認識できる。自分の怒りに振り回されず，客観的に怒りを観察し，それに対応できる。また，「健康的な怒り」は，他者と自他尊重のコミュニケーションが取れる。さらに，怒りをパワーにして，何かを生み出そうとする。
　　「問題となる怒り」の場合，怒りの感情は頻繁に起こり，強度が高く，長期にわたり怒りの感情が続き，マイナスの結果をもたらす。また，攻

撃的に怒りを表出すればするほど問題行動や医学的な問題も起こる。さらに，さまざまな喪失につながり他のネガティブな感情も起こる。

⑤ 「問題となる怒り」を減らすことが重要である理由

　怒りの感情をコントロールできないことによるリスクは大きい。具体的には，人間関係の問題（すぐ論争になる，偏った見方で相手を見るなど），職場での問題（上司から不当な扱いを受けたと訴える，パフォーマンス（生産性）の低下，気分が不安定，仕事への士気が低下など），医学的問題（不安を伴う怒りは健康を害する危険因子，病気への脆弱性，心疾患，脳卒中，がん，疼痛など）が起こる。怒りの感情によって起こるこれらの問題により，さまざまな機会や健康をも失うことになる。そのようにならないためにも，怒りの感情をコントロールし，マイナスとなる結果を減らしていくことが非常に重要である。

練習と実践では，具体的に以下のことを学びます。

① 日常生活で怒りの感情が喚起される出来事に対して，自分の考え（認知），感情，行動を整理するログ（記録）を書き，自分の考え方の傾向や言動を整理する。そのうえで，怒りの感情を引き起こす考え方のくせ（認知の歪み）を発見し，修正していく。

② ストレスマネジメントやリラクセーションを実践する。

③ 「問題となる怒り」に対処しないと，さまざまな問題が蓄積される。怒りの感情をそのままにしておかないで，できるだけその都度，自分の感情や考えを相手に適切な方法で伝えるためのアサーティブコミュニケーションの方法を学び実践する。

怒りの感情に焦点を当てるだけではなく，怒りの感情が原因となる問題やその結果についても学び，さらにさまざまな技法や怒りの感情が起こった時の考え，感情，行動の整理の仕方やより良い人間関係を築くためのコミュニケーションの仕方についても学んでいきます。

2．アンガーマネジメントの4つの領域

　この目標を達成するために，アンガーマネジメントで学ぶ内容は4つの領域からなっています。この4つの領域の中には「傾聴」が入っていますが，「傾聴」はコミュニケーションの土台です。そのために，「傾聴」もアンガーマネジメントで学ぶ内容の一つとしています（佐藤,2016,2018）。

1) ストレスマネジメント：ストレッサーにより引き起こされる感情（怒り，不安，焦りなど）や身体の状態に気づき，心身を落ち着かせる技法を学ぶ。
2) 認知変容：イライラしやすい自分の考え方のくせ（「完璧主義」や「すべき思考」など）を知り，それをより柔軟な考え方に変えることで，イライラしにくい頭にしていく。
3) 傾　　聴：相手を理解するために，相手に関心を持ち，相手が話すことに注意を払い，丁寧に耳を傾ける傾聴の技法や心の姿勢を学ぶ。
4) アサーティブコミュニケーション：相手の気持ちや考えを尊重し，その上で自分の気持ちや考えを誠実に，率直に，相手にわかるように伝える自他尊重のコミュニケーション法を学ぶ。

　ストレスマネジメントや認知変容は，個人でできる作業です。傾聴やアサーティブコミュニケーションは，人間関係を築く上で必須なものとして学んでいきます。

　アンガーマネジメントの小学生向けテキスト『アンガーマネジメントプログラム―笑顔の毎日　自分の気持ちと上手につき合おう！』（佐藤・山村，2017）や中学生向け1年目テキスト『怒りやわらかステップ―自分の気持ちと上手に付き合うためのアンガーマネジメント』（稲田ら,2017）もこの4つの領域が網羅されています（傾聴は中学3年生で学ぶ）。

　個人のアンガーマネジメントを取り入れたカウンセリングでも，この4つの領域を踏まえて，カウンセリングを行います。

3．ストレスマネジメント

普段の生活で怒りを感じた時，どうしたらよいでしょうか。その怒りをすぐに周囲の人にぶつけるのはトラブルのもとです。かといって，簡単に怒りの感情をコントロールできるものでしょうか。

怒りなどの感情をコントロールする機能や，判断，論理的思考などの高次の認知機能を発揮しているのが前頭葉です。

生理学研究所教授の柿木（2017）は，「前頭葉は持続的に活動して情動をおさえるようになっている。簡単にいえば，怒りや悲しみといった感情をコントロールする司令塔のようなもので，覚醒中はいつでも活動している」また，「『瞬間的な怒り』には対応ができなく，前頭葉が抑制活動を開始するには，少し時間がかかると考えられるからである。前頭葉が活動をするまで，個人差はあるものの，3～5秒程度であり，数秒間，怒りを我慢すれば，前頭葉の働きによって，日常生活での普通の怒りは抑えられると考えられる」と述べています。そのため，「6秒待つ」あるいは「6秒を意識する」（田辺，2013）ことができれば，衝動的な言動を回避することができるのです。

何度も言いますが，イラッとした時，それはイラッとするなりの理由があるわけです。イラッとすること自体は自然な反応です。ただ，感情は目に見えませんので，特に怒りの感情は起こった時に対処しないと，頭の中で出来事をぐるぐる考えて，ますます怒り感情が強くなったり，長引いたりします。怒りの感情が長引くと，忘れていた過去の同じような場面を思い出してしまうこともあります。

例えば，学校現場では忘れ物をする児童生徒は少なくありません。そのような時に，「前から忘れ物をしないように伝えているのに，今日もまた，A君は忘れ物をした！」と過去の出来事を思い浮かべて，今日起こった怒りのレベルを自分で上げてしまいます。イライラしながら子どもに対応しても問題解決にはならないため，怒りの感情が起こったその時に心身を落ち着かせることができるようにストレスマネジメントを身に付けることが大事なのです。先の「6秒を意識する」こと（6秒カウントダウン）もス

第2章　アンガーマネジメントの実践

トレスマネジメントの一つです。

　同じ出来事を繰り返さないためにも，6秒待ち，その後10秒呼吸法を実践することで，「忘れ物をいつもしてしまう原因は何か？　どうしたらよいか」などを落ち着いて考えられるのではないかと思います。

❖ ストレスマネジメントの実践

　感情は行動に影響を与えます。つまり，自分の感情一つで自分の行動が決まるということです。どういうことかというと，怒っている時は不快な状態ですから，脳の「好き・嫌い」「快・不快」を司る扁桃体が活発になって，認知機能が上手く働かなくなり，冷静な判断による行動ができないということです。

　自分の身体が興奮している時やイライラした時に，「あっ，今，私は興奮している」「私は怒っている」と心の中でつぶやくだけでも，数秒間，時間を稼ぐことができます。そして，これから紹介するストレスマネジメントを実践することで，扁桃体優位の状態から前頭葉優位の状態へ切り替えをうながし，衝動的な言動を避けやすくなります。

　心と身体の興奮を落ち着かせる方法

　そこで，ストレスマネジメントのスキルをいくつか紹介します。イライラした時に実践してみてください。大人が実践を積めば，イライラしている子ども達にも教えることができます。

＊6秒カウントダウン

　先に，感情をコントロールする前頭葉が発動するまで3〜5秒かかると述べました。イラっとしてから6秒を意識するために「6秒カウントダウン」をお勧めします。

　♣ やり方

　目をつぶり，心の中で数字に意識を向け「6，5，4，3，2，1」と数えます。この6秒間はイライラした出来事にとらわれず，気持ちをその出来事からそらすことが目的です。日常生活でイラっとした時，この方法を毎回

試してください。

＊新聞パンチ

　子どもはストレッサーに曝され続けると，ストレス反応として怒りの感情が起こります。言葉で自分の感情を表現できない場合は，身体反応（眠れない，緊張など）や行動にも反応（大きな声を出す，物や人に当たるなど）が現れるようになります。そのような時，緊張をやわらげ，怒りを発散する方法が新聞パンチです（日本プレイセラピー協会，2014）。ストレスが溜まってきたと思った時，大人同士でやっても気持ちがすっきりし，楽しいです。

　♣　やり方

　大人が新聞の長い方を縦にしてぴんと張って持ちます。大人が「1，2，3，パーンチ！」などのような掛け声をかけ，それに合わせて子どもが思いっきりパンチして新聞を破ります。怒りの感情を新聞に込めて処理をします。新聞が破れたら「すごーい！」「やったー！」などの肯定的な言葉を大人がかけます。

　♥　ポイント

・新聞を4つに畳んで広げて持つと，パンチした時に新聞は半分に破れやすくなります。パンチした時，ビリっと破れる音とパンチをした時の手の感触が，子どもの気持ちをすっきりさせます。

・新聞を持つ人は腕をしっかり前に伸ばすことで，相手が思い切りパンチをしてもぶつかりません。

・新聞をパンチする人は，最後にビリっと破けた新聞に自分の怒りを込めてしっかり丸めます。その丸めた新聞をゴミ箱に捨てます。これは，自分の怒りを処理し，ゴミ箱に入れて納めることで，自分の怒りを手放すことを意味します。

＊10秒呼吸法

　怒りに対する呼吸法の効果を研究した井澤ら（2002）は，怒りで上昇した血圧が呼吸法によって減少（生理的に鎮静化）するのみならず，怒りの

第2章　アンガーマネジメントの実践

感情そのものが低減し，爽快感が増大することを明らかにしました。

　ここでは，10秒呼吸法を紹介します。この呼吸法は，鼻から息を吸います。お腹に風船が入っていて，それが膨らむイメージをしてください。ゆったりと座るなど楽な姿勢をとります。

♣　やり方

①　1，2，3で息を吸います。

②　4で少し息を止め，5，6，7，8，9，10で口から息をゆっくり吐きます。

③　吐く息に意識を集中し，お腹に吸い込んだ息がもうないというところまで吐いてください。吐き終わると，自然に息を吸う状態になります。

♥　ポイント

・無理のない自分のペースで続けます。

・徐々に自然な呼吸に戻していきます。

・吸う息より吐く息に意識を向けます。吸う息は自然に任せてください。具体的には，息を吸う時間の2倍以上の時間をかけるくらいのイメージでゆっくり息を吐いてください。

・息を吐く時は，不安，怒り，恐れなどの全てのネガティブな感情を息と一緒に吐き出すイメージで吐くと効果的です。

これを自分のペースで3〜4回落ち着くまで繰り返しましょう。

〈消去動作〉

　さて，リラックスできたでしょうか。十分にリラックスできたら，消去動作を行いましょう。消去動作とは，リラックス状態から体を覚醒させるために行う動作のことです。リラックス状態のままで立ち上がるとふらっとしたり，頭がぼーっとしたりすることがあるために必ず行います。日常生活の中で活動していくのに，最適な緊張レベルに調整することが目的です。

♣　やり方

・両方の手でジャンケンの「グー」を作ります。

・握った手をグー，パー，グー，パーします。

37

・次にひじの屈伸をします。曲げて，伸ばして，曲げて，伸ばして。
・両手の指を組み合わせて腕を頭の上へあげ，大きく伸びをして，はい脱力。

＊筋弛緩法

　リラクセーション技法の一つである筋弛緩法は身体的弛緩を引き起こすことにより心理的弛緩をもたらし，緊張や不安の軽減やストレスの緩和につながるとされています（徳田，2007）。筋弛緩法における気分変化を研究した徳田（2007）は，筋弛緩法はさまざまな気分に影響を与えるが，とりわけ「怒り」と「緊張」に効果が見られたことを示唆しました。

　怒りの感情が起こっている時は，さまざまな身体反応も起こります。あまりにも身体が緊張している時は，リラックスした状態をなかなか自分で感じることができません。そのような時に役に立つのが，「筋弛緩法」です。あえて，身体を緊張させて，力を抜くことで身体をリラックスした状態にします。

〈肩のリラックス〉

♣　やり方

①　両方の肩を，耳に近づけるつもりで，まっすぐ上に上げます。
②　上げたら，そのまま5数えます。
③　その後，ゆっくり（または，ストンと）力を抜いて肩を下ろします。
④　力を抜き終わったら，今度は10数えます。

これを3回くらい繰り返します。

〈手のリラックス〉

♣　やり方

①　両手で，力を込めて「グー」を作ります。
②　そのまま5数えます。
③　その後，ゆっくり力を抜きます。
④　力を抜いたら，今度は10数えます。

これを3回くらい繰り返します。ここでも終わったら，消去動作を行ってください。

第2章　アンガーマネジメントの実践

＊冷たい水で顔を洗う

イライラしている時は血流も速くなり，体もほてってきます。冷たい水で顔を洗うと体温も下がり，クールダウンします。

＊冷たい水を飲む

怒りの感情が起きている時は，脳の水分が減っていると言われています。体もほてっています。水分不足は，身体に影響を与えるだけではなく，感情にも影響を与えると言われています。脳の水分が減っていることで怒りの感情や他のネガティブな感情も起こります。脳を正常に働かせるためにも，水分を補うことが大事なのです。また，冷たい水を飲むことで，冷たい水が食道を通った時，怒りの感情で興奮した心臓を落ち着かせると言われています。

＊温かいタオルで首や顔を温める

気持ちが固まってしまっている時，つまり怒りの感情を表現できないで，自分の内側に抱えてしまう時は，心身ともに緊張している状態です。そのような時は，首や顔を温めるとよいでしょう。気持ちが内側に向いて落ち込んでいる時，考え方が狭くなっている時など，温かいタオルで顔全体を覆うようにしてみてください。

ふわーっと温かいものに包まれた感じになり，気持ちが落ち着きます。

＊計画的なストレッサー回避法

アンガーマネジメントにおける「回避」という技法は，怒りの感情を引き起こすであろう刺激（状況や人など）を計画的に回避することです。以前怒りの引き金になった状況や人を回避することで，怒らずに済んだり，怒りが強くなるのを防いだりできます。

例えば，毎日の通勤ラッシュアワーがとても苦痛でイライラするのであれば，その時間を避けるために，少し早目に起きて，家を出て「各停」の電車に乗るなどです。

＊延期によるストレッサー回避法

　この技法は，イライラしながら行動する前に時間を稼ぐということです。例えば，今週の土曜日に高校時代の山岳部仲間と，何年かぶりで山に登る計画を立てていました。久しぶりに友人に会うので，土曜日を楽しみにしていました。そこへ上司から「来週の月曜日までに提出する書類があり，今週の土曜日，出勤して書類を作成してくれないか？」と言われました。

　このような場合，こんなふうに言ったらよいでしょう。「今週の土曜日は，以前から予定が入っていました。土曜日に出勤できるかどうか，明日まで返事を待っていただいてよいでしょうか？」と伝えます。返事を遅らせることで，もし出勤できない場合でも，別の方法を考えたり，協力的な提案をすることも可能になったりします。

　♥　ポイント

　延期による「回避法」をとる時に覚えておいてほしいことがあります。この方法は，一時的に用いられる方法で，この「回避法」によって，すべて問題が解決するということではありません。大切なことは，この方法をとる理由を，直接かかわる人に説明できないと，かえって問題を悪化させることもありうるということです。

　しかし，一時的に回避法をとることは，日常生活の中で繰り返される出来事によって起こる怒りの感情を鎮め，他の方法はないかを考える良い機会になります。一時的な回避法は，事前に自分の怒りを鎮める方法なので，最終的には後で問題を解決することが大事です。

＊タイムアウト

　ある状況で，すでにイライラして，頭の中は混乱し，今にも相手に何かを言ってしまいそうな時があります。何も言わなくてもだんだん不機嫌な顔になってくる時もあります。刺激になる状況の中にずっといたり（言い争っていたり，話し合いが行き詰っていたりするなど）すると，その場面自体が刺激になり，冷静に考えられなくなります。怒りのレベルが上がってきます。そのような時は，一旦，その場を離れて冷静になることをお勧めします。

第2章 アンガーマネジメントの実践

　そのための方法が，「タイムアウト」です。ストレスフルな状況を事前に回避できないこともあるので，そのような時はその場にとどまらず「タイムアウト」をとりましょう。タイムアウトをとる時は，ルールがあるので，そのルールを覚えておいてください。

　♣　タイムアウトのルール

　ただ，その場を離れればよいというわけではありません。何も言わずにその場を離れると，「何で急に！　話が終わっていないのに！」と相手の怒りがヒートアップしかねません。そのようにならないためにも，次の3つを守ってください。

　①　タイムアウトを取る理由を伝える。
　②　戻る時間を伝える。
　③　気分転換をする（ただしお酒は飲まない）。

　具体的には，以下のようにタイムアウトを伝えてみましょう。

　♠　〈ケース〉

　A子さんとB夫さんは共働きです。B夫さんが出勤する時，A子さんはゴミ出しをいつも頼んでいるのですが，B夫さんは忘れて出勤してしまいます。「今朝もまた，忘れている！　今晩帰ってきたら，言わないと！」とイライラしながらゴミ出しをするA子さん。B夫さんが帰ってきて，「なんで，いつもゴミ出しをしてくれないの?!　わかったって言っていたじゃない」とA子さんの口調が強くなってきました。B夫さんも「わざと忘れているわけじゃないよ！」と大きな声で言い始めました。A子さんは，自分でもイライラしていることに気づき，タイムアウトを取ったほうがお互いのためだと思いました。

　①　タイムアウトを取る理由を相手に伝える
　A子さん：このまま話をしていると，私がだんだん言わなくてもいいことをあなたに言ってしまいそうだから，ちょっと冷静になるために，30分くらい外を散歩してくるね。

　A子さんは，このような状況ではこれ以上話し合っても，自分自身がイ

41

ライラしそうだと思ってタイムアウトを取っています。何も言わずにＡ子さんがその場を去った場合，Ｂ夫さんにしたら，Ａ子さんの怒りをまき散らされて，去られた感じがします。Ｂ夫さんは，「言いたいことだけ言って，逃げるのか」と思うかもしれません。しっかりとタイムアウトを取る理由を相手に伝えると，Ｂ夫さんもＡ子さんを理解しようと思えるでしょう。

　②　戻る時間を伝える
　Ａ子さん：30分後に戻るので，ゴミ出しのことをまた話しましょう。

　戻る時間を伝えるメリットは，お互いに気持ちを整理する時間の枠組みができることです。このケースですと，30分の中で，自分の気持ちや考えを整理しようとします。Ｂ夫さんも自分の言動について考える時間を作れます。タイムアウトを取る人が戻る時間を伝えないと，待っている人はいつ戻るのか不安になってしまう場合もあります。そして，結局待っている人自身もイライラしてしまうことになります。

　③　気分転換をする
　その場を離れたら気分転換です。**気分転換をしてすぐに**，イライラした気持ちがなくなるわけではありませんが，ひとまず脳を休ませてください。スカーッとした気分転換とはいかないかもしれませんが，少しでも気持ちを落ち着かせることが大事です。外の空気を吸い，緊張している身体をリラックスさせましょう。**10秒呼吸法**でもよいし，**筋弛緩法**で肩の緊張を緩めるでもよいです。散歩をしたり，体を動かしたりするのもよいでしょう。

　＊セルフトーク
　イライラした時やいろいろなネガティブな感情で頭がいっぱいになった時，自分の気持ちを落ち着かせる言葉かけです。小学生向けのテキストの中では，「魔法のことば」と呼んでいます。
　みなさんも知らず知らずのうちに，困った時や不安な時など自分に言葉をかけているのではないでしょうか。怒りの感情が起こった時も，気持ち

を落ち着かせる言葉を自分に言い聞かせてください。

　中学生への授業でもセルフトークについてお話をします。生徒達も後に，「ストレスマネジメントの中で一番使ったのはセルフトークでした」と話してくれました。

　例えば，試験の前に「落ち着け，落ち着け，深呼吸だぁ」「これだけ勉強したんだから，自分を信じよう」と自分に言い聞かせて試験に臨んだと話してくれました。部活の試合前など自分を落ち着かせるために「大丈夫，今までしっかり練習をやってきた！」と自分に言い聞かせて試合に出たそうです。

　♠　〈スポーツ界でも使われるセルフトーク〉

　実際に，イギリスのある論文にセルフトークが有効であることが発表されました。2008 年，イギリスのウースター大学のスポーツ指導の研究者であるクリスチャン・エドワーズがセルフトークの有効性について実験をしました。ラグビーの選手を 2 つのグループに分け，A グループには実験前の 20 秒間，自分を鼓舞するセルフトーク「私はいつもより，より高くジャンプすることができる！」を心の中で唱えてもらい，ジャンプをしてもらいました。セルフトークを自分に言い聞かせない B グループに比べ，すごい勢いでジャンプをし，B グループより良い結果がでました (Jabr, 2014)。

　このような結果からもわかるように，スポーツの世界でも，自分の感情を上手にコントロールすることが，パフォーマンスの良し悪しを左右すると言われています。

　西田（2010）は，自分の否定的なセルフトーク（調子悪い，めんどう，チェッ，またかなど）から肯定的なセルフトーク（ラッキー，おもしろい，もっとやりたいなど）へ変えることが，心を良い状態にしていく一歩だと述べています。

　♠　実践　こんな時，どんなセルフトークを自分にかけますか？
・児童生徒に一生懸命対応しているのに，親からクレームが来た時
（　　　　　　　　　　　　　　　　　　　　　　　　　　　　　　）
・体調がとても悪く，何もやる気が起きない時
（　　　　　　　　　　　　　　　　　　　　　　　　　　　　　　）

このような場合のセルフトークを事前に決めておくと，いざという時に落ちついて対応できるでしょう。

学校で児童生徒のカウンセリングを行う時もセルフトークについて教えます。かわいいカードや付箋を用意しておいて，ネガティブな感情が起こった時のセルフトークを書いてもらいます。それを生徒手帳に入れるか貼るかしてもらい，怒りの感情が起こった時には，自分で書いたセルフトークを見て自分を落ち着かせるようにと伝えています。

　＊思考停止法

いやな出来事が起こると，そのことをずっと考えてしまいがちです。「あの人の一言で私は傷ついた！」など，怒りの感情をエスカレートさせるネガティブな考えが止まらなくなる時があります。そのような時に使ってほしい技法が「思考停止法」です。

　♣　やり方

ネガティブな考えや感情が頭の中でぐるぐるしてきたら，思いっきり，「ストップ！」と自分に言い聞かせます。思いっきりです。心の中で言います。声には出しません。

こんなイメージです。「向こうからきた自動車を素手でとめるぞ！」というイメージで自分に「ストップ！」と声をかけるのです。

私は，これをよく使います。特にイライラして，仕事に支障が出るとわかった時，「ストップ！」と言い聞かせます。それで怒りの感情がなくなるわけではないのですが，「ストップ！」と言い聞かせることは，頭で考えて行動に移しているということです。つまり，前頭葉の認知機能を使い，扁桃体を興奮させたままにしておかないということです。

　＊一点集中法

天台宗大阿闍梨酒井雄哉は，「人生って，こっちが疲れたら全部『しんどい』ってことになってしまいがち。考えを辛いことの一点に集中しすぎちゃう。しんどいところは休ませておいて，違うところに精神を集中させてみる」と述べています（酒井，2017）。

第2章　アンガーマネジメントの実践

　辛いことを集中して考えていると，どんどんその辛さにとらわれてしまい，別のことに目を向けることができなくなります。行動もストップしてしまうことが多々あります。頭の中で，辛いことをぐるぐる考えるのではなく，別の方へ気持ちを向けることで，一時的かもしれませんが，心に余裕ができるようになります。以下のやり方で気持ちをそらし，他のことに集中する方法を「一点集中法」と名前を付けました。具体的には，以下のようにやります。

　♣ やり方

　心が動揺している，頭の中が怒りの感情でいっぱいだと思った時に，自分の身の周りにある物を丁寧に集中して見ます。

　「このボールペンは，いつ買っただろうか。素材は何だろう。重さはどれくらいか……」などのように，どんな質問でもよいので自分に問うてみてください。

　あるいは，音に集中してもよいでしょう。鳥の声，風の音，葉っぱがざわざわする音など，いろいろな音に集中してみます。きっとこの質問をしている時は，そのことに集中しますから，イライラした場面を考えていませんね。とてもシンプルな方法です。

　これらのスキルは，簡単なのですが，1回や2回やっただけではできません。普段から怒りの感情などネガティブな感情が起こった時に試してみてください。自分で自分の感情に振り回されない方法の一つです。

＊イメージトレーニング

　辻（2016）は，「イメージこそ，『とらわれ』から解放をもたらすライフスキルの1つです。イメージは自由だからです」と述べています。

　イライラしやすい考え方の一つに「執着・とらわれ」というのがあります。一つのことにとらわれていると，感情の流れがストップしてしまいます。

　ずっとイライラした場面や相手のことを考えていたらどうですか？　ただ，エネルギーを使い果たすだけです。それより，自分がリラックスできる場面を考えるのが心身を落ち着かせる一つの方法です。リラックスして

45

いると右脳も働きます。するといろいろ創造的な発想も出てきます。トイレに座っている時やお風呂に入っている時に，意外に良い考えが頭に浮かびませんか。まさしく脳がリラックスしているからなのです。

　仕事やいろいろなことが重なり，自分の時間がなくなったり，睡眠時間も少なくなったりするとやはりイライラしてきます。そのような時，私は，大好きな場所をイメージします。すぐにその場所に行けませんが，その場にいる自分をイメージすると，何だかワクワクして，ご機嫌になってきます。

　♣ やり方

　例えば，私は広大な大自然の中にいる自分をイメージします。すると硬くなっていた心が広がっていくような感じになります。心の幅，考え方の幅がふわ〜っと広がっていきます。心と身体の緊張感がとれていきます。「心地良いなぁ」と思う場所や出来事をイメージするのも「とらわれ」から解放される一つの方法です。

　アンガーマネジメントを授業で取り入れている教師が，授業の最初にこのイメージトレーニングを入れ，「考えるだけで，あるいは思い浮かべるだけでご機嫌になることは何か，一つ話してください」と生徒に伝えました。みんなワクワクしながら話し，その後の授業も活気があり，楽しいアンガーマネジメントの授業を行っていました。

＊顔のリラクセーション

　顔の表情は，感情を生み出すと言われています（今野，2011）。顔の表情に関する筋肉は，30種類以上もあると言われています。また，今野（2011）は，「顔は，その時々の心の動きを見事に表す。顔は，その人の過去から現在までのさまざまな心のあり方をも表している」と述べています。

　教師やカウンセラーは感情労働を課せられる職種です。児童生徒とのコミュニケーションを通して教育を行ったり，カウンセリングを行うことを職務としています。これらの職務内容に加え，社会的評価から教師やカウンセラーは「おだやか」「思いやり」「あたたかい」人格をもつ人というイメージの職務規範が求められています（水谷，2013）。常に感情労働をしなければという考えに縛られてしまうことで，抑うつ症状やバーンアウト

も生じます（荻野ら，2004）。そのような症状により，顔の表情は，かなり緊張していると思われます。顔の表情は，心を映し出す鏡と言っても過言ではありません。援助する側がストレスを抱えて，本来の自分の感情を切り離して人に接すると，顔の表情は険しくなり，そのうち自分の感情がどのような感情なのかわからなくなってきます。顔の緊張をほぐすためにも，以下のようにリラクセーションをするとすっきりします。

　顔のリラクセーションをすることで，顔の表情も穏やかになるため，他者の優しさや温かさを感じ取ることができ，他者と良好なコミュニケーションも形成され，人間関係も変わってきます（今野，2011）。

♣ やり方　毎日鏡で自分の表情をチェック！

　どうしてもイライラしたり，気持ちが落ち込んでいると，表情がきつくなったり，暗くなってしまいます。怒りや不安を抱えていると心も身体も緊張しているので，眉間に皺がよっていたり，目がつりあがっているように自分自身でも感じたりします。このように感じた時，鏡の前であえて大きな口を開けて「あーっ」と言ったり，ニコッとしたり，目を大きく開いたりします。「あー，えー，いー，おー，うー」口角を上げて，大きな声で鏡の前で自分にニコッとしてみてください。表情筋が緩んできます。

　　＊怒りの温度計

　よく「私はそんなに怒らない」と言う人がいます。確かに怒る場面がなければ，あえて人は怒らないでしょう。しかし，怒りの感情がないということではありません。怒りの感情は，喜怒哀楽の感情の一つで，人間は多かれ少なかれ誰でもこれらの感情をもっているのです。

　みなさんは「怒り」あるいは「怒る」という言葉に対してどんなイメージがありますか？　大声を出して感情的に怒りを相手にぶつける，何か物を叩いたり，壊したりするなどを怒っている，あるいは怒っている状態や行動ととらえている人が多いように思います。イラッとするくらいは「怒る」うちに入らないという印象があるのではないでしょうか。しかし，イラっとすることも怒っている状態です。

　怒りの感情が起こった時に，その感情を対処しないでそのままにしてお

イライラに困っている子どものためのアンガーマネジメントスタートブック

怒りの温度計

怒りの感情には段階があります。各段階にあてはまる怒りの言葉を下から選んで書いてください。自分の怒りの段階を知ることで、怒りが大きくなる前にどのような対処をしたらよいかわかるようになります。

<書き方の例> 70～90度：(怒りに関する言葉) 許せない、激怒など
どんな時？：信用していた人にウソをつかれた時

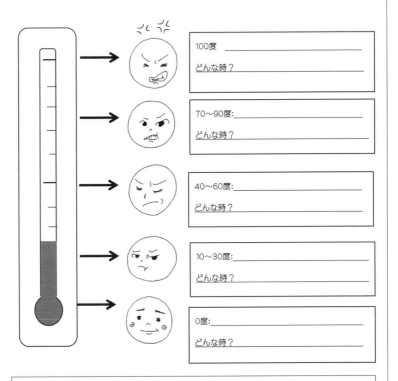

100度 ＿＿＿＿＿＿＿＿＿＿＿＿＿＿＿＿＿＿＿＿
どんな時？＿＿＿＿＿＿＿＿＿＿＿＿＿＿＿＿＿

70～90度：＿＿＿＿＿＿＿＿＿＿＿＿＿＿＿＿＿
どんな時？＿＿＿＿＿＿＿＿＿＿＿＿＿＿＿＿＿

40～60度：＿＿＿＿＿＿＿＿＿＿＿＿＿＿＿＿＿
どんな時？＿＿＿＿＿＿＿＿＿＿＿＿＿＿＿＿＿

10～30度：＿＿＿＿＿＿＿＿＿＿＿＿＿＿＿＿＿
どんな時？＿＿＿＿＿＿＿＿＿＿＿＿＿＿＿＿＿

0度：＿＿＿＿＿＿＿＿＿＿＿＿＿＿＿＿＿＿＿＿
どんな時？＿＿＿＿＿＿＿＿＿＿＿＿＿＿＿＿＿

<怒りに関する言葉>
・むかつく ・イライラ ・頭にくる ・キレる ・ガチギレ ・マジギレ ・激怒
・怒り爆発 ・許せない ・腹がたつ ・うざい ・もやもや ・しゃくにさわる
・信じられない ・怒り心頭 ・逆鱗に触れる ・堪忍袋の緒が切れる ・怒髪天を衝くなど

©アンガーマネジメントジャパン 2018

くと，何かのきっかけで怒りの感情はどんどん強くなっていきます。

怒りの感情をその都度，対処する習慣をつけましょう。そのためには，自分の怒りの感情を客観的に見るツールが必要です。それが「怒りの温度計」です。

♣ やり方

「怒りの温度計」を作る時，とても重要なのは，怒りの段階に合う感情の言葉を名付けることです。

例えば，怒り温度が，0度は，怒ることがないから「おだやか」，30度くらいまでは「イライラ，むかむか」，60度までは「頭にくる」，90度までは「堪忍袋の緒が切れる」，100度は「激怒」などのようにその温度に合った感情の言葉を書いていきます。人それぞれ，同じ60度でも怒りの感情の言葉は違うでしょう。それでいいのです。人それぞれ感情が違いますから。

そして，それらの温度に達するのがどんな時なのか書き出してみましょう。例えば，「70 〜 90度　どんな時？：信用していた人にウソをつかれた時」など。

次に，その温度の時，どんなストレスマネジメントをするのかを考えておきます。このように，普段から自分の感情に意識を向けていくことで，感情をコントロールできるようになっていきます。ぜひ，一家に一枚「怒りの温度計」，教室に一枚「怒りの温度計」を貼っておくことをお勧めします。効果があります！

♥ 怒りは幅の広い感情

怒りの感情をいくつかの段階に分けるワークをすると，「難しい」と言う人がいます。

怒りの感情は，いきなり強いレベルの怒りとなるわけではありません。心の中にしまっておけるくらいの弱いレベルの怒りから，自他を傷つけるくらい我慢ならない強い怒りまで段階があります。

怒りの感情が起った時，自分の怒りはどの段階の怒りなのかに気づくと，自分の怒りを客観的に見ることができます。最初は難しいかもしれませんが，普段から怒りの段階を考えるようにするとできるようになっていきま

す。

♥ 感情をコントロールできるということ

「感情をコントロールできる」とは，自分の身体の状態（身体感覚）に気づき，その状態と認知（感情の言語化）を統合し，自分の気持ちを言葉で表現し，相手に伝えられるということです（「今，僕，ここらへんがむかむかするよ。頭にくる！ 怒りの温度計では80度くらいだよ」）。身体の中にネガティブな感情を溜め込まないで，言葉で表現し伝えることで，怒りの感情が爆発するのを防ぐことができます。「感情をコントロールできる」と自覚できるようになると，自己肯定感も上がります。それにより，自分でこの温度の時は，どのような対処法がよいかなども自分で考えられるようになります。

例えば，「60度以上になったら，危ないぞ。水を飲んでこよう」「80度だぁ。先生に話を聴いてもらおう」というようにです。このようにして，自分の怒りの感情をコントロールできるようになっていきます。怒りの感情をコントロールできるということは，その感情が強くなる前に対処できるということです。怒りの感情が全てなくなるわけではないですが，その感情を弱め，その感情を自分の中に抱えられるということです。これは子どもだけではなく，大人でも同じです。

♠ 実践　衝動的・攻撃的な行動をする児童生徒への「怒りの温度計」の活用

衝動的・攻撃的な行動をする子どもは，少しの刺激にすぐ反応してしまいます。そのため，普段から認知機能を働かせるスキルを身に付けさせることが大切です。例えば，怒りの感情が起こった時は，怒りの温度計を思い出す→温度計を使って自分の怒りの温度をチェックする（頭の中でもよいから）という流れに導きます。衝動的な行動を起こしてしまい，温度計どころではない時もあります。そのような時は落ち着いたら，「さっきはどのくらいの温度だった？」と聞いていきます。このように，問題行動が起こるたびにこのプロセスを踏んでいきます。すると「怒りの温度計」を使うことが定着してきます。

こんなエピソードがあります。ある中学校でアンガーマネジメントの授

業で、「怒りの温度計」を作りました。2年生のあるクラスに犬猿の仲の男子二人がいました。彼らも「怒りの温度計」を一生懸命作りました。作っただけでは、この犬猿の仲の二人は、すぐには仲良しにはなれません。実践が必要です。

翌週、スクールカウンセラーとして学校へ行った時、奇跡が起きたことを知ったのです。担任が、「すごいですよ、怒りの温度計！　あの二人は、毎朝、顔を合わせれば、『おまえ、何見てんだよ！』と言って手が出ていました。いつも、私が仲裁に入るわけですよ。でも、『怒りの温度計』を作った翌日から、一人が『おまえ何見てんだよ。今日の怒りの温度、何度?!』『はぁ～、俺は75度だよ。おまえは何度なんだよ?!』『俺？　俺は、まっ、60度ってとこかな』って二人で、朝からお互いの怒りの温度を確認して、手が出なくなったんですよ！　すごいですよ」と嬉しそうに話してくれました。このように、「怒りの温度計」は、本当に有効なツールです。

♠　実践　怒りの感情を上手く表現できない児童生徒への「怒りの温度計」の活用

次に、怒りの感情を上手く表現できない児童生徒にどう「怒りの温度計」が使えるかについてお話します。

どう見てもその子どもは、怒っています。でも一言もしゃべりません。何とか先生も親もどんな気持ちか聞きたいために、いろいろ話しかけます。しかし、そのような時は、かえって子どもは両耳に大人には見えない手を当てて話しません。それよりも、「怒りの温度計」を取り出して、こんなふうに聞いてみてください。

「先生ね、〇〇さんは今、怒っているんじゃないかなって思ったんだ。もし、そうだったら、この温度計でどれくらいか教えてほしいんだ」と伝えます。すると、子どもはじっと温度計を見つめ、温度計の目盛りを指します。子どもが指さした温度計の温度を見て、「そうかぁ、イライラが70度もあったんだね。すごくイライラしたことがあったんだね。何があったか、話せるかな」と少しずつ聞いてください。

なかなか自分の気持ちを言葉で伝えられない子どもにとって、温度計の目盛りを指すだけでも、頭の中で考えているのです。そして温度計を通し

て，自分の感情を伝えようとしているのです。

「怒りの温度計」は，自分を理解してもらえるツールになるので，家で親子のコミュニケーションにも使えますし，学校では担任の先生や保健室の養護教諭，スクールカウンセラーも使えます。大いに活用してください。

＊とけあい動作法

とけあい動作法は，脳性マヒ児の動作訓練に起源があり，その後，掌で触れることで心身の緊張をときほぐし，心と身体の調和的なつながりを育む援助法として発展してきました（今野，2005）。

♣ とけあい動作法の進め方

基本的手順は以下の通りです（今野，2005）。

①　援助者の掌を心地良く対象者の身体にあてる。

※対象者に掌をあて，強すぎないか弱すぎないかを聞き，対象者が心地良いと感じる圧を確認する。

②　援助者の掌で対象者の身体を心地良く「ピター」と言いながら，4秒から5秒くらい時間をかけて，ゆっくり押す。圧の強さは，心地良い軽めの感じとする。

※圧の強さは，外から見たら，援助者が対象者の身体に圧をかけても対象者の身体がよろけない強さ。

③　援助者の掌を対象者の身体に密着したまま，「フワー」と言いながら，5秒から6秒かけてゆっくり力を緩める。

※圧を緩める時も急にパッと離すのではなく，対象者の身体に心地良く密着し，徐々に掌を離していく。

援助者が「フワー」と力を緩めた時，対象者の身体の緊張が緩み，身体がフワーっと広がるような感じや手の温もりが身体に伝わり，温かさを感じます。その時に，自分の身体を意識することができるようになります。そして，手の温もりから安心・安全を感じるようになり，心と身体のつながりを感じることができるようになります。

自分のネガティブな感情をコントロールすることが難しい子ども達は，身体感覚と認知（感情の言語化）がつながっていません。そのため，今，

自分の身体がどんな感じなのかに気づくアプローチが必要であると考えています。とけあい動作法は，自分の身体感覚に気づく一歩になります。

♠ 肩へのとけあい動作法

肩は，身体の中でも緊張や疲れを感じやすいところであると言われています。小学校の低学年の児童でも，「肩が痛い」と言ったりします。高学年くらいになると，人間関係や勉強によるストレス反応で肩の周辺が重い感じがするなどと訴える子どもも増えてきます。

このような時に，肩へのとけあい動作法を実践することをお勧めします。心身をリラックスさせて，怒りや不安，緊張感を鎮める効果があると言われています。学校現場で日々，さまざまな問題に対処し，ストレスを抱えている教師にも有効です。

♠ カウンセリングが終わった後で

私は，小学生，中学生，高校生とのカウンセリングの後に，動作法＋αをしています。肩へのとけあい動作法の後，首から背骨に沿って腰の所まで，3回ゆっくり「最後にパワーを入れるね」と言ってなでおろします（これが＋αです）。

カウンセリングルームに来室する子ども達は，自分の身体に意識を向けることが難しい子ども達が多いです。そのため，自分の話をし終わった後の感覚を肩へのとけあい動作法を通して，心地良いと実感して退出してもらっています。

衝動性のある子ども，愛着に問題がある子ども，自分の気持ちを解離して「よい子」でいる子ども，たくさんの子ども達が，「肩へのとけあい動作法」＋αをすることで，自然に「気持ちいいー」と微笑んで教室へ戻っていきます。とけあい動作法を取り入れることで，子ども達にとって「カウンセリングルームは安心・安全の場」としてとらえてくれているのではないかと思っています。

親にもとけあい動作法を行います。親も「すごく気持ち良くて，心が広がっていくような感じです。何だかほっとします」と話していました。親は，家で子どもにやってあげたり，夫婦でお互いにとけあい動作法を行ったりしているようです。

＊気分転換

　気分転換も物事への「執着・とらわれ」の考え方を切り替える一つです。

　気分転換というと、「遊び」をイメージします。人それぞれの気分転換があると思いますが、大事なことは「わくわくすること」を考えたり、したりすることです。ところで、気分転換のレパートリーをたくさんもっている人や遊ぶことが好きな人に対して、こんな言葉が浮かんでくることはありませんか。

- いいよね、やりたいことがいっぱいある人は……（結構皮肉な言い方）
- 人が忙しいのに、お気楽なもんね。
- 遊ぶ時間があるなんて幸せよねー。

　このような皮肉な言葉がどんどん頭に浮かんでくる人は要注意。そういう人は、実はあまり気分転換が得意でないかもしれません。

　気分転換が苦手な人は、気分転換をしない分、ストレスを溜め、怒りの感情で頭がいっぱいになりやすいです。ここで気分転換のコツを紹介しますから、ぜひいろいろ試してみてください。

　♥　気分転換のコツ

コツ1：セルフケアを心がける。

　心や身体が疲れたと思ったら、まず自分自身に注意を向け、気にかけ、労わるセルフケアが大事です。つい自分のことは横において、他の人のケアに没頭していると心身がボロボロになってしまうので、自分でできるセルフケアを心がけましょう。

コツ2：周りのことを気にしない。

　周りからどう思われるか、どう見られるかなどを気にしないで、自分がやってみたい、楽しいと思うことをやってみる。

コツ3：気分転換のレパートリーを増やす。

- 他の人がやっていることや自分で思いついた方法を一度やってみて、自分にとって気分転換になったものを「気分転換のレパートリー」に加えましょう。
- 考えるだけで「ご機嫌になること」を頭に思い浮かべてみましょう。これなら時間がなくてもお金がなくても、忙しくても実行できます。

第2章　アンガーマネジメントの実践

　時間がある時に「ご機嫌リスト」を作っておくのも一案です。

　例：次の旅行のこと，日曜日に何をしようか，大好きな食べ物など。
・リラクセーションを取り入れましょう。ストレスが溜まると，自律神経のうち交感神経が活発になり，さまざまな症状が出て心身は疲弊してしまいます。自律神経には，副交感神経といって，身体を落ち着け，リラックスさせるなど心も身体もリフレッシュさせてくれる神経があります。この副交感神経を優位にするために，いろいろなリラクセーションを取り入れてください。

　例：**筋弛緩法**，**10秒呼吸法**，音楽を聴く，軽く運動するなど
コツ4：自分を縛りつける考えやルールから自分を解放する。
・こんなに忙しいのだから休みなんかとるべきではない。
・ちゃんと仕事が仕上がったら休もう。
・誰からも後ろ指さされない仕事をしよう。

　このような考えやルールに縛られていたら，気分転換の「気」の字も頭に浮かばないでしょう。疲弊してしまいます。自分を縛り付ける考え方やルールの見直しが必要です。
コツ5：時間を上手に管理する。

　「私，忙しいから何もできない」という人は，あれもこれも同じ時間配分でやろうしているようです。何事にも優先順位がつけられず，いつもせかせかしていて，心のゆとりがないように見えます。そういう人は「忙しい」のひと言で片付けてしまいがちですが，物事に優先順位をつけ，最優先のことをまずやるようにしていくと，自分の時間を管理できるようになっていきます。すると気分転換の時間も作れるようになるでしょう。

　怒りの感情が起こった時に，これらのストレスマネジメントを日常生活の中で実践していくことで，興奮した脳も穏やかな脳に変わるのではないかと思います。まず，ストレスマネジメントで，怒りの感情が強くならないように時間を稼いでください。

　イライラする場面や相手のことを考えて落ち込む時間があったら，自分

のために少しでもイライラしない心の整え方を考えることが大事です。それがストレスマネジメントです。

4．認知変容

❖ 自分の考え方のくせは？

よく「無くて七癖」と言いますが，何もないように見える人でも，必ず七つくらいのくせはあるものだと言われています。

同じ出来事が起きても，人それぞれ，その出来事に対しての考え方（認知）が違います。では，どうして認知の違いが起こるのでしょうか。それは，その人の物事をとらえる「考え方のくせ」があるからです。

私達は，ネガティブに物事を見ないようにしようと思っても，つい「あの子は必ず……だよね」「すべきことをしていない！」「私はいつも不公平な扱いをされている」などネガティブな考えが浮かんでしまいます。これは「考え方のくせ」によるものです。この「考え方のくせ」により怒りの感情が起こることが多いのです。自分の「考え方のくせ」を知り，そのくせを変えていく，あるいは緩めていくことで怒りの感情に振り回されないようになります。

では，これからいくつか「考え方のくせ」を挙げます。自分の「考え方のくせ」はどれにあてはまるでしょうか。ここは，アンガーマネジメントの４つの領域の一つ「認知変容」であり，中心になる部分でもあります。

すべき思考

自分に対しても相手に対しても一方的に理想を押しつける考え方です。以下の２つのパターンがあります。

- 相手に具体的な考えや意見を伝えないのに，相手への期待が大きく，結果が自分の期待通りにならないとイライラするタイプ。

  例：母親は働いて帰ってくるのだから，家族は食べたものは片づけ，お皿を洗っておくべき。

- 自分に高い目標や厳しい目標を掲げ，その目標を達成できない自分を責めるタイプ。

例：具合が悪くても，母親は全て手作りで食事を作るべき。

このように考える傾向のある人は，真面目で頑張り屋です。絶えず自分に「こうすべき」「ああすべき」といろいろなことを課します。頑張ることは良いことなのですが，自分の限界を超えて頑張りすぎてしまい，心身ともに疲弊してしまうタイプです。さらに疲弊してもなお，そういう自分を許しません。

完璧主義

自分の思っている理想像に一致させようとする考え方です。予定通りの行動や結果を求めたり，自分の考え方の枠内に収まらなかったりするとイライラする考え方です。

　例：学校で出た宿題は，熱があっても，具合が悪くても完璧にやらなくてはいけない。

　例：英語のテストで85点しかとれなかった。90点以下な自分は親から認めてもらえない。

このように考える傾向のある人は，いくら頑張っても，これで十分という気持ちになれないので，かなり心身ともに疲弊してしまいます。子ども達の中には，「私は頑張ってやっているのに，親は認めてくれない。どこまで頑張ったらいいのかわからない」と訴える子どももいます。いくら頑張っても認めてもらえないのですから，自己肯定感も自己信頼感も育ちません。

また，このような考え方をする人は，相手が適当にやっているのを見るとイライラしてきます。できない自分にもイライラするけれど，できない周りの人にも「こんなに自分は頑張っているのに，何でできないんだよ！ちゃんとやってよ！」と怒りをぶつけたりします。自分の理想と現実のギャップに怒りの感情が湧き起こるのです。

白黒思考

白か黒か，良いか悪いか，物事を自分の価値観だけで判断し，極端に分けて判断する考え方です。

例：親や教師に反抗しないのは「よい子」，反抗する子は「問題児」。

例：メールを送ったのに，すぐ返信が来ない。私は嫌われてしまったんだ。

このように考える傾向のある人は，中間がありません。物事を0か100かで考えてしまいます。間の灰色の部分がないということです。メールに返信が来ないからといって，「嫌われた」と取るのは早急な考えです。何か手が離せない事情があるのかもしれません。常に白か黒かで物事を考えていると，考え方が極端で自分の心の揺れ幅が激しく，自分自身にも疲れてしまいイライラしてしまいます。

過度な一般化

1～2回起きた出来事を基にして，みんな同じ結果になると思ってしまう考え方です。

例：一度リレーの選手に選ばれなかったので，「次も絶対，私は選手に選ばれない」。

例：私は，いつも遅刻してしまうダメ人間だ。

このように，「いつも」や「必ず」「絶対」を枕詞につけて会話する人は，過度な一般化の傾向があります。上の例では，次もリレーの選手に選ばれないかどうかはわからないですし，遅刻も数えてみると週に1～2回だったりします。しかし，失敗した出来事を過度に一般化して，いやな気持ちを増幅してしまうのです。

過大評価・過小評価

出来事を必要以上に大げさに考えたり，必要以上に些細なことと受け取ったりする考え方です。

例：過大評価：（ちょっとしたミスなのに）授業中読み方を間違えた時，クラスの全員が私のことを笑った。

例：過小評価：（本当は重大なことなのに）先生に見つからなければ，スマホを持って行ってもかまわない。しかし，結局先生に見つかり注意されてイライラする。

第2章　アンガーマネジメントの実践

被害的思考

　冷静に事実をみることができず，被害的に物事をとらえたり，考えたりしてしまうタイプ。

　　例：お母さんは，私と弟がケンカをすると私ばかり注意する。

　　例：どうせ，私のことも悪く言っているのに違いない。

　このように考えがちな人は，常に自分は，理不尽な扱いをされている，悲劇の主人公だと考えています。

他罰思考

　相手や周りを責めることで，自分の責任を逃れる考え方です。簡単に言えば，なんでも人のせいにするということです。

　　例：遅刻して先生に注意されたら，起こしてくれない親のせいだと言って親を責める。

　　例：テストの点数が悪いのは，弟がテレビを見ていてうるさかったからと弟のせいにする。

　このように考える人は，イライラする原因は「他者」なのです。あくまで他者が悪く，自分には原因はないと考える人です。

執着・しがみつき

　過去に起こった出来事などを繰り返し考えるなど，一つのことにとらわれる考え方です。

　　例：もっと早く転職していれば，違った人生を歩めたのに……。

　　例：あの時，あの一言を言わなかったら，この関係は破綻していなかったのに……。

　このように考える傾向がある人は，延々と一つのことにとらわれて，前に進めません。「もっと早く転職をしていれば……」と考え続けても，踏み出さなかったのは誰でもないあなた自身です。一つのことにとらわれ，執着していると大切な時間がどんどん過ぎてしまいます。

　自分の考え方のくせを発見できましたか？　ここに紹介した考え方のく

59

せは，多かれ少なかれ誰にもあるのではないでしょうか。物事に対する自分の考え方のくせが強すぎて，目の前の現実との違いにイライラし始めたら，要注意です。「すべき思考が強く出ているなぁ」と自分に言い聞かせて，その考え方のくせを緩めましょう。自分の考え方のくせを知り，それを修正したり，緩めたりすることで，イライラしにくい頭にしていくことが，アンガーネジメントでとても大事にしているところです。

❖ 自動思考と信念

　日常生活の中で，私達は，その時々にふといろいろな考えが頭に浮かびます。これを「自動思考」と言います。例えば，先の白黒思考の例のように，「メールを送って，既読になっているのに，返事が来ない」そんな時，「私って，もしかしたら嫌われているかも……」と考えてしまう人がいます。一方では，「何か用事でもあるのかな」と考える人もいます。このように，何か出来事が起こった時に，パッと頭に浮かぶ考え（認知）が自動思考です（竹田，2017）。

　さらに，この自動思考の基になっている認知があります。自動思考の生みの親です。これを「信念」と言います。自動思考よりももっと心の奥にある認知で，自分に対しても世の中に対してもかなり一貫したとらえ方をしています。自動思考に大きな影響を与えているのが「信念」です。

　例えば，「私を愛してくれる人なんかいない」という信念をもっている人は，先のメールにすぐ返信が来ないと，「私は嫌われたに違いない」というような自動思考が浮かびます。一方「私は私なりに良いところがある」という信念をもっている人は，「自分は嫌われている」という考えはパッと思い浮かびません。後者の自動思考（何か用事でもあるのかな）が浮かびます。

　信念は生まれた時から備わっているものではありません。これは，生育過程の中で身に付いた考えです。幼少の頃，親はもとより，周りの大人から十分な愛情を感じられず育ってきた場合，このように「私を愛してくれる人なんかいない」という信念をもってしまうことがあります。しかし大事なことは，この信念に縛られて一生を過ごす必要はないということです。

第2章 アンガーマネジメントの実践

いろいろな場面で，この考えが頭に浮かび，生きづらいと感じたら，この信念を変えることができるのです。先ほど伝えた自動思考は，気づきやすい考えですが，信念に気づくには時間がかかります。というのは，長い間，心の奥に持ち続けてきた考えですから，気づきにくいのです。

まずは，日常生活の中で，自動思考に気づき，この自動思考はどんな考え方のくせが影響しているのかを探ること，そして，その考え方のくせに対処できるようになることがよいと思います。さらに，深く自分の心の奥にある信念を探り，「このような信念がもとにあったら生きづらいなぁ」と思った時に，生きやすい信念に修正していってほしいと思います。

❖ 自己理解のためのアンガーログ

自分のことを理解することは，本当に難しいことです。つい都合の悪い部分は見て見ぬふりをしてしまう傾向があるからです。怒りの感情をコントロールできるようになるためには，自分の考え（認知）・感情・行動などの傾向を知ることが重要です。

アンガーマネジメントでは，自分の考え（認知）・感情・行動などの傾向を知るために日記をつけます。この日記のことを「アンガーログ」と言います。怒りの感情が起こった出来事やその時の考え（認知），感情，行動を言語化，可視化していきます。アンガーログの中に書かれた出来事に対する考え（認知）を変えることにより怒りの感情のレベルを弱め，適切かつ健全な行動ができるようにしていきます。アンガーログを書くことにより，客観的に自分の感情を見ることができるようになります。

♣ アンガーログに書く内容

アンガーログシート（p.62）を見てください。アンガーログには次のことを書きます。

① 日時・場所　例：今朝，玄関で
② 出来事　例：ゴミを出してほしいと言ったのに，夫がゴミ袋をそのままにして出勤した
③ その時頭に浮かんだ言葉　例：いつも忘れる！
④ その時の気持ち　例：イライラ　60度／100度

61

イライラに困っている子どものためのアンガーマネジメントスタートブック

アンガーログシート
~自分の考え・気持ち・行動を整理するシート~

深く考えないで、気軽に書いてください。

項目	内容
① 日時・場所	今朝、玄関で。
② 出来事	ゴミ出しをしてほしいと夫に言ったのに、ゴミ袋をそのままにして出勤した。
③ 頭に浮かんだ言葉(考え)	いつも忘れる！約束は守れ！
④ その時の感情(気持ち)	イライラ　　　　　　　　　　６０／１００度
⑤ 自分の行動	イライラしながらゴミを出しに行った。
⑥ 行動の結果	気持ちがすっきりしないで、食器を洗った。

考え方を変えてみると・・・

どんなストレスマネジメントで落ち着く？
１０秒呼吸法、冷たい水を飲む、顔を洗うなど

項目	内容
自分の考え方のくせ	例：白黒思考 すべき思考、過度な一般化
考え方を変える	いつも忘れるとは限らないな。もしかしたら、仕事のことで頭がいっぱいだったのかもしれない。わざと忘れたわけじゃないかもしれない。
感情（気持ち）の変化	イライラ６０度→イライラは少し残っているけれど２０度くらい。
予測できる自分の行動の変化	夫が帰ったら、冷静になってゴミ出しを忘れた理由を聞いて、「もし出勤前は大変だったら、正直に言ってほしい」と伝える。

©アンガーマネジメントジャパン 2018

第2章　アンガーマネジメントの実践

⑤　その時の行動　例：イライラしながらゴミを出しに行った

⑥　結果　例：いつも私が出すことになるとイライラしながら食器を洗った

♥　アンガーログを書くメリット

①　書くことで，自分の怒りが何に対する怒りなのか客観的にわかるようになる。

②　自分がどのような場面で，また誰に対して，何に対して怒る傾向があるかがわかる。

③　書くことで，前頭葉を使うので冷静になることができる。

④　イライラしやすい自分の考え方のくせがわかるようになる。

⑤　この作業を日々行うことで，怒った時の対処法も事前に準備できる。

　アンガーログを書くことが良いことだとわかっていても，忙しかったり，イラッとした時にすぐに書けない場合もあります。そういう時は，落ちついた時間に一日を振り返って書いてもよいでしょう。日々アンガーログを書いていると，自分の考え方のくせやそれによって引き起こされる感情や行動の傾向がわかるようになります。アンガーログは自分の手帳や小さなノートを準備して書ける時に書いてもよいです。私は，仕事帰りに電車の中や駅のホームで書いたりしました。隙間時間を見つけて書くのもよいと思います。

　アンガーマネジメントを学んだ教師，カウンセラー，看護師，精神保健福祉士，子育て最中のお母さんなどは，アンガーログを書いていると相手の考え方のくせや言動などもわかるようになると話していました。

♥　考え方のくせを変える

　アンガーログを書いて，自分の考え方のくせを知り，考え方をどのように変えていくか，あるいは緩めていくかがアンガーマネジメントでは，とても大事な部分です。出来事をどうとらえるかで，その人の感情も行動も変わってきます。

　62ページのアンガーログシートをもう一度見てください。アンガーログシート③頭に浮かんだ言葉（考え）は「いつも忘れる！」でした。この③に皆さんの考え方のくせが隠れています。この例では，本当にいつも忘れ

ているのでしょうか。過度な一般化をしていないでしょうか。

考え方の幅を広げるためのコツ

① 視野を広げる

例：いつも夫はゴミ出しを忘れるわけじゃないな。忘れるのは，5回に
　　1回くらいかな。

例：絶対，私の企画は通らない。いや，先月の提出した企画は通ったし
　　ほめられたなぁ。

② 視点を変える

例：よく書類の手直しを上司に言われるが，これも自分の成長につなが
　　ることだ。

例：Aさんに挨拶しても何も言わず行ってしまったが，何か心配なこと
　　でもあるのかな。

③ 別の方法を考える

例：一人で考えるのも大事だが，煮詰まらないうちに他の人の意見も聞
　　いてみよう。

例：ずっと考えていても良いアイデアが出てこないので，明日再検討し
　　よう。

　今まで自分の「考え方のくせ」に縛られて，まるで真っ暗なトンネルの
中で身動きできずじっとして，もがき苦しんでいる自分がいたのではない
でしょうか。

　今よりも考え方の幅を広げたら，いつもよりイライラしないで心穏やか
に過ごせるかもしれません。

❖ 考え方を変えて生きづらさを改善したエピソード

　自分が長年馴染んだ考え方を変えるというのは，簡単なことではありま
せん。自分の考えを変えることに，抵抗がある人はあえて変える必要はな
いです。ただ，変えないことを選択した場合，状況が変わることへの期待
もしないほうがよいと思います。物事の結果は自分で引き受けなければな
りません。

第2章　アンガーマネジメントの実践

　アンガーマネジメントに取り組み，自分の考え方のくせに気づき，それを修正し，自分の生き方を変えた人がいますのでご紹介します。

① 病院のスタッフとの人間関係で悩む医師
　医者は偉いという考えに執着していた（考え方のくせ：執着）→医者も一人の人間，医者だからといって偉いわけではない（認知変容）→気持ちが楽になり，笑顔が増えた（感情と行動の変化）→チーム医療がスムーズになり，医局のスタッフにも笑顔が増えた（結果）。

② 母親とケンカしていた女子中学生
　「もっと勉強しないと希望校に入れないよ」とイライラしながら言ってくる母親。「母親ならもっと優しく言うべき」（考え方のくせ：すべき思考）→母親は更年期でイライラしているけれど，本当は体調が悪くて辛いのかもしれない（認知変容）→自分のイライラも減り，自分のやりたいことに集中できた（感情と行動の変化）→勉強がはかどり，少し成績も上がった（結果）。

③ 先回りして何でも決める母親と男子中学生
　いつも勝手に何でも決めてしまう母親にうんざり（考え方のくせ：過度な一般化，被害的思考）→自分の考えを伝えなかった自分にも責任がある（認知変容）→自分の考えを母親に伝えたら，何も言わなくなり穏やかな気持ちになれ，自分で決断できるようになった（感情と行動の変化）→自信が持てるようになった（結果）。

　上記のエピソードはほんの一部です。今まで学校のカウンセリングでも，個人カウンセリングでも人生が今までと変わったという人はたくさんいます。皆さんに共通することは，「変わりたい」という意志を持ち続け，アンガーマネジメントのプログラムを通して，自分と向き合った人達だということです。

65

イライラに困っている子どものためのアンガーマネジメントスタートブック

「心の救急箱」の中にあるお助けグッズあれこれ

グッズ1 ストレスマネジメントで心と体を落ち着かせる
- 10秒呼吸法
- 肩のリラックス
- 6秒カウントダウン
- 冷たい水を飲む　…など

グッズ2 気分転換をする
- 散歩をする
- 映画を見に行く
- 友だちとおしゃべりする
- スポーツをする　…など

グッズ3 考え方の幅を広げる
- アンガーログを書いて、考え方のくせを見つける
- 考え方のくせを変えてみる
- 視野を広げてみる
- 視点を変えてみる　…など

グッズ4 自分も相手も大切にするコミュニケーション
- 相手の話を最後まで聴く
- 相手の気持ちや考えも大切にする
- 自分の気持ちや考えを伝える
- 問題解決のために話し合う　…など

● 自分のオリジナル「心の救急箱」を準備しておきましょう！

©アンガーマネジメントジャパン 2018

第2章　アンガーマネジメントの実践

❖自分のオリジナルの「心の救急箱」を準備しておこう

　日常生活では，さまざまな出来事が起こります。怒りの感情が起こった時にすぐに対処できないこともあります。そのような時に，けがや病気を治す薬が入っている「救急箱」と同じように，怒りの感情に対処する方法（心や身体を落ち着かせリラックスできる状態になる技法や考え方の幅を広げるコツ）が詰まった自分だけのオリジナル「心の救急箱」を準備しておくことをお勧めします。一つ試してみて上手くいかなくても，他の方法をいろいろ試してください。

5．傾　　聴

　アンガーマネジメントの4つの領域のうち，ストレスマネジメントと認知変容を見てきました。この2つの領域は，個人内でできることです。残りの傾聴とアサーティブコミュニケーションは，直接相手とやりとりします。人間関係を築く上で，とても大切な領域です。

　学校でも私設のカウンセリングルームでも，来室する方々は友達関係や親子関係，夫婦関係など人間関係の悩みがほとんどを占めていると言っても過言ではありません。その多くは，自分の感情を押し殺してしまい，相手に自分の考えや気持ちを伝えられないケース。また，相手から怒りの感情をぶつけられる，あるいは暴言や暴力の攻撃を受けることがあるケース。子どもを理解したいけれど，どのようにコミュニケーションをとったらよいかわからないといったケースです。

　いくらアンガーログを書いて，その後考え方のくせを修正しても，自分の気持ちや考えを伝えていかないと，人間関係の中でアンガーマネジメントが生かされません。「私は話すのが上手くないんです」「話すのが苦手です」という人は，たくさんいます。

　生まれた時から苦手という人は，おそらくいないと私は思っています。しかし，幼少の頃から自分の感情を伝えたくても伝えられない環境にいて，自分の感情にふたをして生きてきたら，どんなふうに相手とコミュニケーションを取ったらよいかわからなくなっていくでしょう。

　本節と次節では，人間関係を築く上で大切な「傾聴」と，自分も相手も

67

大切にする自他尊重のコミュニケーションである「アサーティブコミュニケーション」について，アンガーマネジメントの視点からお話します。

❖相手の話を最後まで聴いてみよう

傾聴とは，「責任をもって相手の話を聴くことで，相手の心の内面をとらえ，相手の立場になって相手の考えや気持ちを理解すること」です。しかし，これは実際には難しいことです。つい，相手が話している最中に，自分が話を始めてしまったり，相手があまり話してくれないと，焦ってしまい，多弁になってしまったりするなど，聴くことの難しさを感じる時があります。

アンガーマネジメントでは，4つの領域を通してより良い人間関係を築くことを目標としています。人間関係の土台の一つは，傾聴です。そのため，アンガーマネジメントのプログラムに傾聴を入れています。自分のことを理解してもらいたいならば，まずは人の話を最後まで聴く姿勢が大事です。伝えたいことがあるからといって，一方的に言いたいことを言っていたら，コミュニケーションは成り立ちません。

アンガーマネジメントの研修会では，アサーティブコミュニケーションの研修に入る前に行う「傾聴」のワークを大切に考えています。二人一組になり傾聴の練習をします。傾聴の研修に参加した方が皆，異口同音，「聴いてもらえるってこんなに嬉しいものなんだなぁって思いました」という感想を話してくれます。心地良い経験をした話者は，今度は相手の話を一生懸命聴こうとします。こうしてお互いを尊重する関係が築けるようになるのです。

「子どもが親の言うことを聴かない」と言うフレーズをよく親の方から聞きます。子どもに親の言うことを聴いてもらいたい，と思う前に親が子どもの話に耳を傾けて聴いているでしょうか。自分の感情や考えを伝えることはもちろん大事ですが，その前に相手の話に耳を傾ける「傾聴」がとても重要です。

第2章　アンガーマネジメントの実践

❖傾聴とは「感情を聴くこと」

　私がいつも傾聴の研修で大切にしている言葉があります。それは，医師の三島修一氏（国立国際医療研究センター国府台病院）の「傾聴とは『感情を聴く』ことである」という言葉です。傾聴の最初の目標で大切なことは，徹底した傾聴による「治療的人間関係」の構築であると述べています（三島，2014）。

　三島（2014）は，「熱心な医師は知識も多いが，目の前の方の気持ち，感情に耳を傾けることがおろそかになってしまうことがある。『何のための傾聴か』→人間関係構築のための傾聴→"その結果として"的確な情報収集が得られる」と述べています。そして，「感情を聴く」ということを非常に大事にしています。目の前の方の感情を聴けば，おのずと患者はさまざまな情報を話してくるということを話しています。また，話を聴く側が穏やかな心でなければ，相手の深い感情は伝わってこないし，受け取れないと話しています。

　傾聴を通して，自分に向き合う機会にもなります。人の話を落ち着いて聴けない時，自分の中に何が起こっているのかを考えるきっかけになります。

　細かい傾聴の技法は別の本に譲るとして，その代わりに三島氏の傾聴の5つの要素をここに記します。

① 　自分の呼吸が落ち着いている。
② 　相手の呼吸に合わせられる。
③ 　眼の高さが相手と同じ，もしくは相手より低い。
④ 　この私でよければ，ぜひ聴かせてください。
⑤ 　相手の「本来の願い」を少しでも感じようとしている。

　どんなに「きれて」暴れている子どもでも，本当は身体中から発している感情を聴いてもらいたいのです。大人も子どもも同じです。どんなに小さい子どもでも聴いてもらえたら嬉しいのです。ちゃんと目を見て，話を聴いてあげてください。

子どもが一生懸命話しかけているのに，別のことをしながら応答している大人の姿をよく見る時があります。特に最近は，子どもと目も合わさず，親の見ている先はスマホです。このような「きき方」は聴いているとは言えません。このような「きき方」の中で育つと，子どもも同じ「きき方」を学習してしまいます。

忙しい時は，手を休めて忙しい理由を伝えます。そして，どのくらい待ったら話を聴いてあげられるかを時計などで示します。時計の読めない子どもには，「時計の長い針（これと指さしてもよい）がここに来るまで待ってね」と伝えます。見通しを立てた伝え方です。

この時間まで待ったら，話を聴いてもらえるので，それまでの間我慢する力（耐性力）もついてきます。そして，示した時間まで待った子どもに対して，「よく待てたね」と待てたことをほめてあげてください。それから，じっくり向き合って話を聴いてあげてください。

「うちの子，話を聴かないんです」と言う前に，今まで自分がどのような「きき方」をしてきたか，今までどんなコミュニケーションをとってきたか，今一度振り返ってみてください。

「感情を聴く」という言葉は，傾聴の真髄だと思います。「人の話を聴く」ということはどういうことかを大人が実践を通して，子どもたちに示していくことが大切だと思います。

6．アサーティブコミュニケーション

アンガーマネジメントの4つの領域の最後がアサーティブコミュニケーションです。アサーティブとは，「相手の気持ちや考えを尊重し，その上で自分の気持ちや考えを正直に，率直に，状況に合わせて，相手がわかるように伝える」という意味です。アサーティブコミュニケーションは，自他尊重のコミュニケーション法です。このコミュニケーションのベースには，傾聴があります。傾聴があってこそ，自他尊重のコミュニケーション（スッキリさわやか）が成り立つのです。

第2章　アンガーマネジメントの実践

❖ 4つのコミュニケーションパターン

普段皆さんは，友人や家族，また職場の人達とどのようなコミュニケーションをとっていますか。コミュニケーションの仕方には，大きく分けて4つのタイプがあります。

① 攻撃型（プンプン爆発）

　自己中心的に物事を考える人です。自分の気持ちや意見は言うけれど，相手のことを配慮しません。感情的・威圧的な口調になり，相手を批判します。正論で相手を追い詰め，人間関係を勝ち負けで考える傾向があります。

　例：部下にいつもダメ出しをする上司。

② 受身型（ビクビク不安）

　受身型の人は，常に相手の気持ちを優先して，自分の気持ちは後回しにします。人間関係が気まずくなるのを避けるために，何か頼まれても「ノー」と言って断れません。相手が理不尽なことを頼んできた時，不満に思うが引き受けてしまいます。自分の気持ちを抑え，相手に合わせているので，自分の本心がわからなくなり葛藤を抱えてしまいます。

　例：本当は断りたいのに，「大丈夫です」とすぐ引き受けてしまう。

③ 作為型（ネチネチ陰険）

　自分の言いたいことはあるのに，相手にはっきり伝えず遠回しに言ったり，皮肉を言ったりすることで間接的に相手にいやな思いをさせます。他人のせいにして相手に罪悪感をもたせたりします。はっきり言わない点が受身的ですが，心に攻撃性を秘めています。

　例：ある人に不満があっても直接その人に自分の気持ちや考えを言わ
　　　ないで，他の人にその人の文句を言う。

④ 自他尊重型（スッキリさわやか）

　自分の気持ちや考えを正直に，率直に伝え，相手の気持ちや意見も尊重します。相手に歩み寄ろうとする姿勢があり，常に自分の言動に責任をもっています。お互いの意見が違うことを問題とせず，目の前の問題を解決するためにどうしたらよいかを，対等な人間として誠実に話し合います。

例：「申し訳ないけれど，その日は都合が悪いです。翌日なら時間がとれますが，あなたのご都合はいかがですか」というように，相手に配慮しつつ自分の意思も伝えることができる。

さて，みなさんのコミュニケーションはどのタイプですか。自分のコミュニケーションの仕方に気づくことは，とても大切なことです。

❖ DESC 法でアサーティブに伝える

今まで慣れ親しんだコミュニケーションの仕方を変えるのは難しいです。それは，人は慣れ親しんだものから離れると不安になってしまうからです。けれども，それまでのやり方があまりよくないと気づいたら，そのやり方を続ける必要はないのです。

「今までの話し合いだと，何だかいつも心にもやもやが残るなぁ……」，「本当はもっと優しく言いたいのに……」などと思ったら，自分のコミュニケーションのやり方を変えてみましょう。

では，何をどのように伝えればよいでしょうか。

アサーティブコミュニケーションでは，「DESC 法」に従って伝えていきます（平木，2015）。「DESC」とは，次の４つの伝え方の頭文字をとっています。DESC 法を身に付け，DESC 法に従って伝えるとアサーティブに伝えやすくなります。

Describe（描写する）

相手に自分の要求（してほしいこと）を伝える前に，今起きている「事実」や「状況」を相手に具体的，客観的に述べます。自分も相手も了解できる，具体的な事実を述べます。

♥ ポイント：長く，くどくど話さない。

Express（表現する）

感情的にならずに自分の気持ちを伝えます。

♥ ポイント：

・「感情を伝える」と「感情的に伝える」は全く違うということに留意す

第2章　アンガーマネジメントの実践

　る。
・落ち着いて自分の気持ちを伝えたほうが伝わる。

Specify（特定の提案を明確に述べる）

　あなたが今の状況がどうなってほしいか，また相手に望む行動（要求）や解決策などを提案します。

　♥　ポイント：

・的を絞って具体的に，実際に相手が行動できることを伝える。

　例：「もっとちゃんとしてほしい」では伝わりません。「ちゃんとってどういうこと？」と聞かれそうです。具体的に，「先日渡した書類を今週金曜日の午後5時までに提出してほしいので，よろしくお願いします」と伝えたほうが，相手は何をどうしてほしいかがわかります。

・要求は，肯定文で伝える。「〜をやらないで」と否定文で伝えるよりも，相手に望むことを伝えたほうが，相手の心に響く。

　例：今週の金曜日の午後5時の提出期限を忘れないでよ。これを「今週の金曜日の午後5時までに提出してください」と言ったほうが相手も否定された感じがしません。

Choose（選択する）

　要求や提案に対して，肯定的（Yes の場合）あるいは否定的（No の場合）結果を予測し，それに対してどういう行動をしてもらいたいか選択肢を示します。選択肢は，具体的で相手が実行可能なものであることが大切です。

　相手が Yes の返答だったら，「ありがとう」と感謝の気持ちを伝えます。もし，No という返答で受け入れてもらえない場合は，再度こちらの事情を話し，同じ要求や提案を伝えます。それでも，相手が受け入れるのが難しい場合は，代替案を伝えます。その際，次のような伝え方を心がけましょう。

　♥　伝え方のポイント：

①　話は具体的に，要求は優先順位をつけて一つ伝える。

　この時ばかりと思い，あれもこれも伝えません。話がどんどんずれて

73

いきます。自分の伝えたいことを一つだけ言い，それを繰り返します。相手はあれこれ反応して言ってくるかもしれません。それに一つ一つ答えていると自分が言いたかったことがわからなくなります。繰り返し同じことを伝えることで，相手に巻き込まれませんし，話もそれません。

② 言葉と態度・表情を一致させる。

　謝っているのににこにこしながら「ごめんね」と言う人がいます。このような場合,謝られた人は心の底から謝ってもらえたとは思えません。相手に謝る時は，相手の顔を見て，真面目な表情で謝りましょう。

③ 相手の立場を理解しようとする言葉かけを忘れない。

　「いつもご苦労様」「いつも○○してくれてありがとう」など相手を労う言葉をかけます。また，相手の困らない場所を選んで話をするということも相手を尊重していることです。例えば，重要なことを話すのに廊下で通りすがりに「ちょっといいですか」では，重要な話をする場所とは思えないし，相手の立場を尊重しているようにも思えません。重要な内容ほど，場所や時間を決めて話しましょう。

例：「先日の○○の件，ご苦労様でした。今日午後4時から会議室で30
　　分程……の件で打ち合わせをお願いできますか」と，相手の都合を聞
　　きます。言い方の工夫で，相手も大切にされていると感じるのです。

④ 「I～（私は）」メッセージで伝える

　会話の中で，自分の気持ちを伝える時は，「私は～な気持ちです」「私は～と考えています」というように，「私は」を主語にして言います。主語を「あなた」から「私」に変えるだけで批判的に聞こえません。

例：相手に対して不満や怒りがある時

　　You（あなた）メッセージ→何であなたは手伝ってくれないの！

　　I（私）メッセージ→手伝ってくれると，私はとても助かるのよ。

　　You（あなた）メッセージ→あなたは，デートの待ち合わせにいつも
　　　　遅刻するよね！！

　　I（私）メッセージ→私は，あなたと会う日を楽しみにしているので，
　　　　毎回遅くなると悲しくなるわ。

　このように自分の気持ちや考えを伝える時は，「私は～」で伝えると自

分の発言に責任を持つことになります。「あなたは〜」にすると，言われた方は責められている，批判されているように感じてしまう場合が多いので注意しましょう。

⑤　クッション言葉を使う

クッション言葉とは，相手に何かを依頼したり，断ったり，違う意見や内容を伝える時に，伝いたい内容の前に付け加える言葉です。例えば，上司に対して伝えたくても「こんなことを言ったら生意気だと思われないか」「評価が下がるのではないか」と思い躊躇して伝えなかったら，自分の中で消化不良が起きてしまいます。言いにくいことでも，次のクッション言葉を使うことで伝えたい内容がやわらぎます。

例：大変お忙しいとは思うのですが，○○の件について午後3時までにお返事をいただけますか？（依頼）

例：誘っていただいたのに，とても残念なのですが，先約があり夕食をご一緒できません。（断る）

例：私の勘違いかもしれませんが，昨日の件は○○ではなくて××ではないでしょうか。（違う意見）

家族などの身近な人に頼む場合でも，やってくれて当たり前という気持ちで頼むのと，一言クッション言葉を付けて相手に頼むのでは相手の受け取り方や感じ方が違います。普段の生活の中でもクッション言葉を使ってコミュニケーションをとってみてください。

❖ こんなふうに伝えたら NG！

アサーティブコミュニケーションの DESC 法による伝え方をお伝えしました。学校の授業や個人カウンセリングなどで，アサーティブコミュニケーションのロールプレイをしてみると，日本人には伝え方の傾向があることがわかりました。

大人も子どももおおむね伝えるのは「事実」と「要求・提案」です。自分のその時の気持ちを伝えていない場合が多いのです。以下は教師と子どもの会話の例です。

教師：

①　○○君，授業中に立ったり，横の人に話しかけたりしているね。（事実）―D（Describe）

②　そのようなことはしないと約束したと思うけれど，約束を守ってほしいんだよね。（要求）―S（Specify）

　①と②の間に，気持ちを伝えます。「○○君が約束を守れなかったのは残念だなぁ。椅子に座っていられない○○君のことが先生は心配だよ」と子どもに伝えます。そして，最後に「困ったことがあるのかな？　……もし，困ったことがあったら先生に話してほしいなぁ」と伝えます。

　この会話では，教師は子どもの行動だけを注意していません。子どもの行動を引き起こす何かがあることを察して「心配している」という言葉をかけました。子どもは教師から感情の言葉をかけてもらうことで，「受け止めてもらえた」体験をすることができるので安心感が生まれます。

　普段の会話でも，私達は自分の感情（気持ち）を伝えないパターンが非常に多いです。アンガーマネジメントの授業でも，ロールプレイの台本を生徒が作りますが，感情を書くべきところに感情の言葉が書けない人が多いのです。つまり，普段から感情を表す言葉を使って会話がなされていないのです。

　手っ取り早く，事実と要求を大人が伝えているということです。このような環境の中では，子ども達の感情の言葉は育たないし，増えていきません。悲しい，辛い，ショック，残念，感情を表す言葉がたくさんあるのに日常生活の中で使われていないのです。意識して，大人が感情の言葉を伝えるコミュニケーションを取っていきましょう。

♠　実践　自分の気持ち・考えを伝えてみよう

〈出来事〉

　Aさんは教師になるのが夢で，今年から小学校の教師になりました。頑張ろうと思って働き始めましたが，わからないことがたくさんあり，頭の中もパンパンです。子どもへの対応や親への対応もどうしたらよいかわかりません。先輩の先生たちもいつも忙しそうで，何もアドバイスをしてく

第2章　アンガーマネジメントの実践

れません。つい，Aさんは教師としての能力がないのかもしれないと考え始めました。Aさんの同期は，何だかテキパキやっているように見えます。

　このような毎日が続くと，不安や焦りなどのネガティブな感情やネガティブなエネルギーがいっぱい身体中に流れていきます。そして，そのネガティブな感情が怒りの感情となって現れてきます。「私には先生になる資格なんてないんだ。先生になる道を選ばなければよかった！」ともんもんと考え続けるようになりました。

　このような人は，自分から弱みを見せられないのかもしれません。失敗を恐れているのかもしれません。そもそも，初めて教師になった人にとっては，わからないことだらけだと思います。理想と現実は違う場合も多いでしょう。わからないことを聞くことは悪いことではありません。自分に正直になることが，「アサーティブである」ことなのです。自分に正直に，誠実になり，率直な気持ちを先輩に伝えてみましょう。

事実を伝える（D）：○○先生，お忙しいところ申し訳ありません。ご相談したいことがあります。よろしいでしょうか。実は，教師になって3か月が過ぎましたが，子どもへの対応や保護者への対応で悩んでいます。

気持ちを伝える（E）：どうしたらよいか，困っています。このままでいいのかと焦りもあります。……自分は教師としての能力はあるのかと不安になります。

要求・提案を伝える（S）：□□さん（保護者）は，毎日連絡帳にびっしり，私にしてほしいことを書いてきます。□□さんにどのように対応するか，私の困っていることを具体的にお話しして，それに対してアドバイスをいただきたいのですが，○○先生の空いているお時間はありますでしょうか。

選択する（C）：○○先生の返事がYesの場合は，「ありがとうございます。ではよろしくお願いします」と伝え，具体的な日時や，話を聴いてもらう場所を決めます。

　　○○先生が忙しく，今話を聞く時間がない場合：「そうですか，では

いつでしたら大丈夫でしょうか？」と聞くか，「もし○○先生がお忙し
い場合，別の先生に聞いてみます」と伝え，別の先生に相談します。

　今まで，あまり人に相談をしたことがない人や消極的でも何とかやって
きた人もいるかもしれません。しかし，問題解決をするには，自分の考え
方を変えて挑戦していくことも大切です。そこから，別の見方や考え方を
発見することもできます。
　「こんなふうにその時になったら言えるかしら……」と思うかもしれま
せんが，まずは練習です。DESC 法や伝え方のポイントを頭の中に入れて，
今日から実践してみてください。

1. 2つのタイプの「きれる」子ども

❖ さまざまな子ども達のサイン

　何年も前から，小学校でも中学校でも，いわゆる感情のコントロールができず，「きれる子」が問題になっています。椅子に座っていられない，教室から出てしまう，突然友達を殴る，そばにある物を振り回す，力の入れ方がわからないのか，これでもかと相手を殴ってしまう。教師も対応に苦慮しているのが現状です。

　一方では，学校には登校できるけれど，学校に来ると身体症状を訴える子ども，学校に来てしまえば，何も問題なく一日を過ごすことができるが，朝は親から離れられない子ども，家庭ではいつも両親のケンカが絶え間なくあり，苦しい状況であるにもかかわらず，自分の苦しい，辛い気持ちを心の奥にしまい笑顔を絶やさない子どもなど，さまざまな形で子ども達はサインを送ってきます。

　前者は，怒りの感情を外側へ向けるので周りから人間関係を切られるタイプです。いつ何時，殴られるかと思うと周りはその子どもには近づきません。後者は，自分の感情を抑え込んでいるので，外に見せる顔と内側の感情との間にギャップが生まれ，疲れ果て自分から人間関係を切っていくタイプです。自分に怒りの感情を向けていきます。どちらにしても関係性が「きれている」状態と言えます。

よくよく考えてみると，昔も椅子に座っていられず，教室から飛び出て，校庭の隅に座り込んでいた子どももいました。突然，殴りかかるような児童生徒もいたように思います。しかし近年，なぜこんなに「きれる子」が増えてきているのでしょうか。何が今と昔では違うのでしょうか。

❖ 大人に減ってきた心のゆとり

私は，以前はもう少し，大人が子ども達の話に耳を傾ける心のゆとりがあったのではないかと思います。教師も親も毎日忙しい。本当にたくさんの仕事を抱えています。教師の場合は，教科の準備，部活動，校務分掌，保護者対応，児童生徒の問題行動への対応等，授業が終わっても果てしなくやることが多いのではないかといつも感じます。

特に，最近では昔にはなかったスマホや SNS のトラブルが増え，それへの対応に時間を多く費やすなども聞かれます。時代とともに，トラブルの内容も変わってきました。

日々忙しい時間の流れの中で，時間をかけて児童生徒の気持ちや考えを，心から聴いてあげたいと思っても，なかなか時間が取れないというのも現実です。どうしても，表面化している問題行動の対応に追われてしまいます。

親も同じだと思います。学校から電話がかかってきて，「こんなことがありました」など問題行動の報告があると，「なぜ，そんなことしたのよ?!問題，起こさないで！」と子どもに言うだけで話を終えてしまう場合もあるのではないかと思います。

子どもは，問題となる行動を起こしてしまった理由も聴いてもらえず，もんもんとした気持ちを抱え，また同じことをやってしまい，問題行動が繰り返されることになるのです。大人も子どもも怒りの感情に振り回され，一向に問題解決に至らない状態になっているように思います。

だからこそアンガーマネジメントを授業の中に取り入れることや，児童生徒にかかわっている教師やスクールカウンセラーがアンガーマネジメントを子ども達に伝えることが，今の時代に必要なのです。

２．感情コントロールが難しい子どもの理解

　大河原（2003a）は，「きれる子」の問題は，子どもの「成長発達システム上の問題（個人レベルの過去から現在にいたる問題）」と「問題増幅システム上の問題（関係レベルの現在における問題）」というたて軸とよこ軸の２軸でとらえることができると指摘しています。

　大河原（2003a）の「きれる子」の 22 事例の分析により，個人レベルの問題としては，「解離状態によりきれているもの」，「ADHD が認められるもの」，「通常発達上の問題」に分類でき，さらに「解離状態によるきれる」には，「虐待の問題」「いじめられや教師からの体罰などの心的外傷体験」「年齢不相応な『よい子』として育ってきていること」が示唆されています。「問題増幅システム」としては，「体罰・叱責」等による大人の問題解決努力が悪循環を起こしていることが明らかになったことが示されています。

❖怒りの感情を外側に向ける子ども達

　怒りの感情を外側に向け，他者や物などに当たるなどの攻撃的・衝動的な行動をする子どもがいます。学校現場で仕事をしていると，何かのきっかけで暴力や暴言を発し，「きれてしまう子」にどう対応したらよいか，という質問を受けます。その対応として，おおむね何とかその行動を制止しよう，押さえつけようとする対応をしているように思います。押さえつけることで，その子どもの行動が改善すればよいのですが，同じことが繰り返されています。同じことが繰り返されるということは，その対応がその子どもにとって，適切ではないということです。

　子どもが「きれる」のは，それなりの理由があるということ，そして「きれている」本人が実は，一番困っている状態であることを前提に，何が問題か，何が引き金になっているのかを考えることがまず大事ではないかと思います。本当は，怒りの感情やその他のネガティブな感情を感じた時に，その感情を言葉で伝え，問題を解決できるコミュニケーションを経験していければ，感情を押し殺すことなく問題解決をしていけます。しかし，「き

れる」子どもは怒りの感情が起こっても，言葉で自分の感情を表現できないがゆえに，その感情が心の中に蓄積され，ネガティブなエネルギーがいっぱいになって，いつきれてもおかしくない状態になっているのです（宮下・森崎，2004）。

　つい大人は，「きれる子」＝「わがままな子」「我慢の足りない子」「自分勝手な子」「甘やかされた子」「しつけがなってない子」「発達に問題がある子」などさまざまなレッテルを貼って，その子どもを見てしまう傾向があります。

　そうしてひとたび問題を起こすと，その解決のために大人は，叱責や体罰で我慢強い子どもにしようとします。すぐ結果を求めようとします。何か問題が起きるたびに，そのような子どもは幼い頃から叱責や体罰で「よい子」になるよう訓練をされてきたようなものです。その子が何に困っているのか，本当はどうしたいのか，どんな気持ちなのか，身体にはどんなことが起こっているのかを聴いてもらう経験を積み重ねることもなく，成長してきたのです。

　これでは，「よい子」になるどころではありません。子どもの心に育つのは恐怖心や不信感です。子どもの感情が育っていく上で良い影響など一つもありません。

❖ 子どもが困った時こそできる対応

　子どもは，「辛かったね」「不安なんだね」「困っているんじゃない？」などと声をかけて一緒に解決策を考えてくれる大人がそばにいたら，どんなに安心し，ほっとするでしょうか。

　その子どもに寄り添う感情の言葉をかけてもらった子どもは，同じように困っている人を見た時，「大丈夫？」「どうしたの？」と相手を思いやる言葉をかけるようになります。感情の言葉をたくさんかけてもらい育った子どもの心の中で，温かい思いやりの心が育ってきます。これが「思いやりの心」を育てることではないでしょうか。

　「人に思いやりをもちましょう」と大人はよく言います。でも温かい言葉をかけてもらえず生きてきた子どもは，「思いやり」という言葉を心の底か

ら理解することは難しいのです。

　ある中学生がこんな言葉を言いました。「大人は,思いやりをもてって言うけれど,思いやりって何?　何なの?　そんなの俺は知らねえよ。だって,思いやりの“お”の字も俺はかけてもらったことねえからさ」と。このように考える子ども達はたくさんいるのではないかと思います。この言葉を聞いた時,「思いやりをもって接しましょう」と気軽に言えないと思いました。

　また,叱責や体罰を受け続けてきた子どもは,自分に対しても他者に対しても否定的な見方しかできなくなります。さらに,大人に対して不信感しか持てなくなってしまいます。

　「どうせ何やっても駄目だから」「私なんて生まれてきた価値がないんだよ」「俺がいたら迷惑かけるし,そんな存在だし」「おまえなんて生まれてこなかったらよかったんだよ。どうして生まれてきたんだ!　って親から言われたよ」このような言葉を大人から言われ,叱責され,殴られてきた子ども達の声をどれほど聞いたでしょうか。

❖ 怒りの感情を内側に向ける子ども達

　怒りの感情を上手く出せない子ども,つまり,怒りの感情を自分の内側にしまい込んで,表現しない子どももいます。これも「きれている」状態です。それは,他者との人間関係を「切って」しまっているからです。怒りの感情を内側に向ける子どもは,不登校,引きこもり,自傷行為,摂食障害,抑うつ症状などで自分の怒りの感情を表現しています。

　私が30年前に子ども達と一緒に演劇活動をしていた時の子ども達と違い,感情を言葉で伝えられない,身体で感情を表現できない子ども達が増えてきたと感じています。どんな気持ち?　と聞いても「ふつー」「別に」「わかんない」という言葉で片づけてしまいます。

　不登校や自傷行為などが表出されるまで,外側に全くネガティブな感情を出さないし,問題行動を起こさないので,親からも教師からも,「特別問題ないですよ」と言われる子ども達です。この子ども達は,問題行動を起こさないので,「大丈夫な子」「よい子」「問題ない子」と見過ごされてしま

いります。ですので，学校に来ているうちは，カウンセリングになかなかつながらないケースでもあります。

❖ 身体症状が「私のことをわかって！」のサイン

ある日，「学校へ行かない」あるいは，身体症状が家庭でも見られるようになり，ようやく，親も教師も子どもの苦しさに目を向けるようになります。親は，身体症状を示す子どもを慌てて病院へ連れて行きます。子どもは，必死に自分の身体症状を通して，「苦しさ」「辛さ」を訴えてきます。このような子ども達は，普段の生活の中で，自分のネガティブな感情を表しません。

どう対応したらいいのかに悩む親の話を聴くと，「あまり，自分のことを言わないので，どう思っているのかわからない」「小さい時から反抗することもなかったし，聞き分けのよい子どもでした」「泣いたこともあまり記憶の中にはないですね」などいわゆる「よい子」として成長してきた子どもであると推測できるケースが多くあります。

聞き分けがよいため，親も幼稚園の時から大人扱いをしてきたというケースもあります。不安な時に，ぎゅーっと抱きしめてもらいたくても，抱きしめてもらえなかった子ども達なのです。

子どもからも「いやなことがあっても，家では言わないの。だって，聴いてくれないから」「私の話なんか聞いてくれない。勉強のほうが先でしょ。話したいことは後にして！ って言われるんです」「そんなのみんな同じように思っているのよ。あなただけじゃないんだから，って言うだけ」など，子ども達がたくさん苦しい気持ちを話してくれます。その子ども達の言葉を聴いて，「そうかぁ。聴いてもらいたいよね。聴いてもらえなかったら，苦しいねぇ」と伝えると，「うん」と言い涙をポロポロ流す子どももいます。

子どもの身体中にネガティブなエネルギーが充満していても，それをぎゅーと抱きしめて収めてくれる大人はいないのですから，不安にどう対処してよいかわかりません。大人から「不安なんだね」という言葉をかけられることもないわけですから，この身体の感覚は何なのだろうとわけもわ

第3章　子ども達の現状

からない，混沌とした状態で落ち着かなくなってくるのです。

　学校でいやなことがあっても，家に帰ってそのことを伝え，受け止めてもらえる環境なら，「あれ？　何だか元気ないね。怒っているようだけど，何かあったの？」と言ってもらえます。大人（親）が子どもの表情を読み，それを言葉にして伝えてくれます。すると，子どもは自分の身体に流れている感覚は，「怒っている」ということなんだと，自分の身体感覚と感情の言葉を統合し学習していきます。そして，家はネガティブな感情も話してよい安心な場所なのだと思うようになります。しかし，家ではネガティブな感情に触れたくない親もいます。それは，親自身が子どものネガティブな感情をどう扱ったらよいかわからないからです。

　子どもがせっかく，自分の危機を伝えているのに，「それ，あなたが先に何かしたか，言ったからじゃないの？　だから言われるのよ」「あなたが弱いから，からかわれるんだよ」「そんなこといちいち気にしない！」などと一言で片づけられてしまう子ども達もいます。その後の子どもの感情の育ちはいったいどうなるでしょう。感情は豊かに育っていきません。湧き上がる感情を見ないようにシャッターを下ろしてしまいます。受け止めてもらいたい感情にふたをしてしまいます。

　思春期に入り，ある日，突然自分の子どもがリストカットをしたり，「死にたい」と言い出したりした時に初めて，子どもがどんなに苦しさや辛さを抱えていたかに気づくケースが少なくありません。本当はいっぱい甘えたい，ぎゅーと抱きしめてもらいたい，いやな時はいやって言いたい……。たくさんの気持ちを大人に聴いてもらいたいのに，その感情を押し殺して，今まで生きてきた子ども達なのです。

　このような子ども達は，身体中に湧き起こるネガティブな感情をないものとします。見ないようにしています。大可原（2003b）は，「解離状態」と言って，身体感覚と認知（感情の言語化）のつながりがなくなっている状態であると述べています。一人でネガティブな感情に向き合うのは辛いのです。それなら，ないものにした方がその子どもにとって楽なのです。でも，本当は辛いのです。辛さを感じないように，その感情を切り離して，身体症状が出ていても，外ではにこにこして何があっても「大丈夫です」

85

と言って一日を過ごしているのです。

このような子ども達への援助で大切なことは，大人がそれまで見ようとしてこなかった，あるいは触れようとしてこなかった子どものネガティブな感情（怒り，不安，恐怖，悲しみ，さみしさなど）に触れ，その感情を私達大人が受け止めることです（大可原，2004）。

私は，小学校のスクールカウンセラーをしていましたので，1年生から6年生までの子ども達に毎週たくさん接してきました。カウンセリングが終わると，手のひらを肩にそっと当てとけあい動作法を行い，最後に「さあ，元気パワーを入れるねぇ」と言って，背中を3回なでおろします。横目で彼らの表情を見ると，にっこりしています。そして帰り際，「ありがとう。気持ちいいね」と言って出ていきます。たった，2〜3分でできることなのです。

❖ スクールカウンセラーができる親や教師への支援

親や教師が，子ども達にとって安心してネガティブな感情を出せる安全基地になることが大事です。大人（親や教師など）を安全基地だと子ども達が思えるためにも，大人をサポートすることがスクールカウンセラーにとって重要な役割になります。

というのは，親や教師自身も，自分の身体の中に湧き起こるネガティブな感情をないものにしている子どもと同じような経験をしている場合があるからです。親や教師も自分の親から身体的・心理的な虐待を受けた経験をしていると，自分の感情にふたをして生きてきた可能性も大きいのです。なかなか自分の感情に意識を向けることや気づくことが難しいことがあります。子どもの感情を理解するのが難しい場合などは，親や教師も心の傷つきがあるかもしれないという視点をもちつつ話を聴き，サポートすることがスクールカウンセラーには必要であると考えています。

ある母親は，「感情的になるなと言われてきたので，感情って何かもわからない……」と話してくれました。自分の思いを伝えると「生意気なことを言うな，と言われてきました。だから自分の気持ちなんて言ったことがありません」「あなたさえいなかったら，もっと楽なのにね」と言われ

てきたと話してくれた親。親自身も，自分の親から受け止めてもらう経験
をしてこなかったのですから，自分の感情にふたをしている場合もありま
す。そのため，親や教師も子ども達をどう理解していったらよいか，戸惑
うことも大いにありうるのです。

　子どもを援助するために，子どもを取り巻く大人をサポートすることも，
結果的には子どもを援助することに通じるのです。

❖ いきなり「きれる」ことはない

　小学1年生でも「死にたい」と言う子どもがいます。大人から度重なる
叱責・体罰を受けた子どもの身体にはネガティブなエネルギーやネガティ
ブな感情がいっぱい溜まっています。ネガティブなエネルギーと感情の言
葉をつなげ，伝え返してくれる大人がいて，受け止めてもらえる経験があ
れば「きれる」までは行きません。しかし，そのような経験がなく常に不
快な状態でいたら，何かのきっかけでネガティブな感情は爆発し，暴走し
てしまうのです。

　一見，いきなり「きれた」と思うかもしれませんが，感情が爆発してし
まうまでには段階があり，サインを出しているはずです。しかし，そのサ
インには目がいかず，「きれる子どもの行動に対して」叱責や体罰で問題解
決をしようという対応が毎日行われていたら，一向に問題は解決しません。

　「きれる子」を「困らせる子」「やっかいな子」「問題ばかり起こす子」と
いう視点で，その子どもに対応していたら，どんどん排除する対応になっ
ていきます。子どもは大人の心を見抜きます。前述しましたが，一番困っ
ているのは，子ども自身なのです。心が傷ついているのは，子ども自身な
のです。「子どもの傷ついた心を理解したい」という思いで，子どもに向き
合った時，子どもは心を開き，気持ちを伝えてくれます。

3．暴れる子どもへの対応事例

❖ 子どもを信じて向き合う心の姿勢（小学校）

　日々，暴れる子どもと向き合っている若い女性教師が話してくれました。
その教師は，しっかりアンガーマネジメントを学んできました。アンガー

マネジメントを学び始めた当初は，目の前の子どもの言動を何とかしたい，何とかしてあげたいと思っていました。学びが深まるにつれ，自分自身の心の奥もしっかり見つめました。「子どもの対応の前に，まず自分自身に向き合うことが大事なのですね」と話してくれた教師です。その教師のクラスに，小学4年生の男の子がいます。彼は複雑な家庭背景があり，少しの刺激で暴れます。人に対して不信感や恐怖心をもたざるをえない背景がある子どもです。

　その子どもが，何かのきっかけに暴れた時，その子の両手をしっかり握り，ハンドサインで会話をするそうです。暴れている時に何を聴いても，話せる状態ではありません。かえって，善意の声かけが，心の侵襲や刺激となり，さらに攻撃的な行動を起こす場合もあります。

　最初に教師が彼に言葉で伝えます。「すごく怒っているよね。先生は，そう思うけれど，どうかな？」男の子は右手（Yes のサイン）をぎゅっと握り返します。「そうだよ」という意味です。「こんなふうに暴れるには，何か理由があるからだよね。君を見てそう思ったよ。先生に話してくれるかな。話せる？」左手（No のサイン）をぎゅ。「今は話せない」という意味です。「わかったよ。話せないんだよね。冷たい水飲む？」右手をぎゅ。水を飲んで，少し落ち着いたところで，「今のあなたの気持ちを表情スタンプと『怒りの温度計』で教えてくるかな」右手ぎゅ。

　このように，まず怒っている子どもに気づいていることを伝えます。子どもは，興奮しているので，気持ちをすぐに言語化できません。言葉で伝えられなくても OK だということを伝え，その上で二人の間の共通のサインで会話をしていきます。子どもは自分の感情や状態を受け止めてもらえたことで，少しずつ落ち着いていきます。それでも，すぐに理由を聞き出しません。

　まず，表情スタンプで気持ちを表してもらいます。次に怒りの感情がどのくらいの温度だったかを「怒りの温度計」で示してもらいます。子どもの指さす「怒りの温度計」を見て，「そうか，温度がとても高いね。それだけいやなことがあったんだね。苦しいね……。何があったか話せるかな？」と対話していきます。

第3章　子ども達の現状

表情スタンプ

　このようにして，怒りの感情をコントロールできず，衝動的，攻撃的な行動をしてしまう子どもへ対応していきます。全身全霊で目の前の子どもを理解しようとする教師の心の姿勢が伝わってきます。
　今まで，この教師のように丁寧にかかわってくれる人がいない環境で育った場合，なかなか自分の感情を表に出すことはできません。感情を表に出したら，何が起きるかわからない不安をもっているのです。そのため，さまざまなネガティブな感情を抱えられるまで精神的にも成長していませんから，ネガティブな感情を抱えられるその子のキャパシティが限界に達したら，攻撃的な行動で自分の感情を表現するしかなくなります。暴力もその子にとって救いを求めるサインなのです（大河原，2003b）。
　その行動が何を意味しているのかという視点で子どもを見ていかないと，さらに子どもの心を傷つけしまう対応になってしまいます。
　この教師とのかかわりを通して，子どもはようやくネガティブな感情を出しても，受け止めてもらえる安心・安全な人だと認識していきました。
　この子どもも，このようなかかわりの中で，自分が起こした問題行動を振り返り，暴力を振るってしまった友達に自分から謝りに行くことができるようになりました。

叱責・体罰では，子どもは変わりません。子どもの心は育ちません。子どもの感情を受け止め，理解しようと耳を傾ける大人の心の姿勢が，子どもを変えていくのです。子どもを変えようと躍起になる前に，大人自身が対応を変えることで子どもに変化が起きます。

　親をサポートし一緒に考える

　このケースでは，両親へのカウンセリングも同時にスクールカウンセラーが定期的に行っていました。親のこれまでの苦労を聴き，共感していく中で，子どもにどのように接していったらよいかを伝えました。

　具体的には，日常の会話の中に感情を表す言葉をたくさん投げかけることや，彼の表情を見て，「嬉しそうだな」「辛そうだな」「怒っているようだ」と感じたら，その感情の言葉を子どもにかけてほしい，ということを伝えました。

　しかし親自身が，「感情の言葉」を子ども時代にかけてもらった経験があまりない人もいます。「難しいことですね」という親もいます。自分が経験してこなかったので，良いことだと頭ではわかっても自分の子育てに生かすことが難しいのです。しかし，そのような経験を親が語ってくれることで，またスクールカウンセラーとしてどのように親に接するかもわかってきます。カウンセリングの中で，親が話してくれる内容からスクールカウンセラーが推察できる親の感情に言葉を添えていきます。

　例えば，「お母さんのお話を聴いていると，たくさん辛い経験をしてきたな，と思います。辛かったのではないですか……」すると，「あー，そうです。はい，とても辛かったです。苦しいなと思っていました。でもそれを話せる親じゃなかったし……」と親自身の心の内側を話してくれます。スクールカウンセラーが，親の感情を言語化することで，「ようやくこういう気持ちがあってもいいんだ，と自分で自分に OK を出せたような気がします」と親が話してくれました。

　このように，親が自分の感情や思っていることを言語化できるようにサポートをしていくことで，親が子どもの感情を理解したり，感情の言葉をかけたり，受け止めたりすることができるようになっていきます。子ども

第3章　子ども達の現状

に変化が現れれば，親自身も自己肯定感や自己信頼感（自分はこれでいいんだという思い）をもつことができるようになります。親が自分の感情を受け止めてもらう経験を重ねていくことで，その経験を今度は，自分の子どもとの間で実践し，生かしていくことができるのです。

　このような経験を経て，徐々に親子のコミュニケーションが改善され，子どもの行動も改善されていくのではないかと考えます。子どもをサポートするためには，親をサポートしていくことが肝要です。親との連携，協力があってこそ，子どもが変化していくのです。

❖ 中3の男子生徒からのメッセージ「アンガーマネジメントを広めて！」（中学校）

　最初の中学校に赴任してから 20 年以上も月日が経ちました。その間に，心にネガティブな感情を詰め込んで毎日を送っているたくさんの生徒に出会いました。その中で出会った K 君についてお話します。

♠〈K 君からのメッセージ〉

　この男子生徒は，「暴力や暴言，怒りをコントロールできない」という主訴で学校のカウンセリングルームにつながりました。

　彼は，「俺のことを書いていいから，アンガーマネジメントはとても大切だっていうことをみんなに伝えていってよ」こう私に伝えて，中学校を卒業していきました。以下は K 君が書いてくれたメッセージです。

　「俺は，アンガーマネジメントのカウンセリングを一年半受けて，最近になって怒りをコントロールできるようになった。前までは，イライラしていると，冷静でいられず，すぐに爆発してしまったけれど，今は『イライラしてきてるな。』とわかるようになったので，この辺でおさえようと思えるようになった。冷静でいられるようになったので，これからにすごく生かされると思う。俺は，アンガーマネジメントがあったから自分に向き合えることができてよかったです」

　K 君がこのメッセージを書くまでには，壮絶な自分との闘いがありました。このメッセージを渡してくれた時は，本当にすっきりした表情でした。

91

大人の言動が子どもの人生を左右する

　彼は，運動部に入ってみんなを引っ張っていくほどの生徒でした。将来はそのスポーツで，活躍したい夢がありました。カウンセリングルームへ初めて来た時は，父親の家庭内暴力が激しくなり，どうしたらいいのかわからなくて，家族全員が危機的な状況でした。学校側や関係機関と連携し，父親の家庭内暴力への対応をしていた時でした。とても真面目な好青年でした。

　しかし，彼の学校での態度や大人への言動がどんどん変わってきました。暴力や器物破損などで，かなり問題を起こすようになっていったのです。日が経つにつれ，彼の表情も以前のような表情ではなくなってきました。担任をはじめ他の教師も何度も注意し指導しましたが，一向に良い方向へ変わることはありませんでした。変わるどころか，どんどん攻撃性はエスカレートしていきました。学校も休むようになり，カウンセリングも中断することになりました。

　ちょうどその頃，校内研修でアンガーマネジメントを教師に伝え始めていました。その中のある一人の生徒指導の教師がアンガーマネジメントをよく理解し，「生徒指導に役立つ。私達がアンガーマネジメントの考え方やスキルなどを身に付けていくことが必要だ」と周囲に伝えてくれました。その教師は，K君の問題行動を叱責するよりも，彼の気持ちに寄り添うことを大事に，彼に向き合いました。体罰や叱責で彼の行動を変えようとしたら，彼は変わらなかったと思います。

　生徒の心を動かした教師との会話（以下，教師をT，生徒をKと記す。）
　　T：K，今回も壁蹴っていたよなぁ。……壁を蹴ったり，物を壊したりしているけれど，その行動が続いている……なんか理由があるんじゃやないかぁ。……話してほしいんだ。
　　♥　ポイント：このように，問題の行動を制止する言葉よりも，その行動を起こしてしまう理由があることにポイントを置いて，話を聴いていきました。
　　K：そんなのねえよ。わかんねえよ。

第3章　子ども達の現状

T：そうか，わかんないか……

　♥　ポイント：「わからない」と彼が言ったので，それを承認して，し
　　つこく問いただしませんでした。しばらく時間が過ぎ，突然……，

K：むかつくんだよ！　ふざけんじゃねえよ！

T：むかつく……。物を壊さなきゃ気持ちが収まらないくらい，Kはむか
　ついているんだよな。それだけいやなことがあったんじゃないか……。

　♥　ポイント：K君の感情を受け止め，会話を続けていきました。

T：K，そのむかつきは何に対してなんだ。話してほしい。……話せる
　かなぁ。

　♥　ポイント：K君の感情をしっかり受け止めた後に，その怒りは何に
　　対してなのかを整理できるように聴いていきました。K君も落ち着
　　いて，自分の行動，その時の感情や考えを見つめ直し，整理してい
　　きました。力ずくではなく，言葉で教師に伝えることの方が自分も
　　楽であることに気づき始めました。そして，K君が何に対しての怒
　　りなのかを話してくれた後，教師は怒りの裏側にあるK君の感情に
　　も寄り添いました。

T：そうか，よく話してくれたな。そんなことがあったんだな。辛かっ
　たなぁ……。ずっとその辛い気持ちを一人で抱えていたのか。

　♥　ポイント：ここで，K君は怒りの感情によって起きてしまった行動
　　を少しずつ冷静に見つめることができるようになりました。それは，
　　教師の指導がK君の問題行動だけを制するものではなかったからで
　　す。K君の心の中にずっとしまわれていた「辛さ」を理解したから
　　こそ，それからの彼の行動は変わっていったのです。

　さらに，教師とK君との信頼関係が土台となり，K君にとって問題行動
を起こすことによる「メリットは何か」，「デメリットは何か」を丁寧に話
し合い，整理していくことができました。

　その上で教師は，「イライラをどうしたらいいのかわかるアンガーマネジ
メントというのがあるから，カウンセリングルームへ行って，取り組まな
いか」と促してくれました。教師の一言でK君はアンガーマネジメントを
取り入れたカウンセリングを受けるために，再びカウンセリングルームに

来室することになりました。

カウンセリングルームでのK君の取り組み

たくさんの問題を抱えながら，K君はカウンセリングルームにやってきました。緊張し，厳しい表情でした。しかし，目の奥には，彼が何かを訴えたいという様子が見て取れました。もちろん最初は，斜に構えていました。

まず，私は来室してくれたことに対して，「K君，来てくれて，私はとても嬉しいよ。ありがとう」と，私の気持ちを伝えました。K君の表情はとても硬く，人を寄せ付けない印象がありました。何がこのような表情にさせてしまったのか……。そんな思いで，時間が過ぎました。

最初からアンガーマネジメントを取り入れたカウンセリングを行うことはK君と生徒指導の教師との間では合意していたので，アンガーマネジメントについて説明しました。K君も説明を聞き，「やってみたい」と言ってくれたので，私との間でアンガーマネジメントのカウンセリングを行うことに合意してくれました。

週1回の50分間のカウンセリングに，毎週来室しました。教師全員がアンガーマネジメントを学んでいるので，私の勤務日以外でも，どのように話を聴いたり対応したらよいかを心得ていました。K君は周りの教師にも少しずつ，自分の気持ちを伝えられるようになりました。感情が高ぶり，暴れそうになる自分に気づくと，しっかり理由を教師に伝え，教室を出る許可をもらい，落ち着ける場所に行くようになりました。

自分の感情に意識を向けることから始める

カウンセリングでは，来室すると必ず「今の気持ちチェック」（p.95）のワークから始まります。この場では，ポジティブな感情もネガティブな感情も伝えていいんだ，どんな感情をもってもいいんだ，という経験を積み重ねていきます。

自分の感情に意識を向けられるようになり，モニターできるようになると，ネガティブな感情に気づいた時，どんな対処ができるかを考えられる

第3章　子ども達の現状

今の気持ちチェックシート

　今のあなたの気持ちに合うスタンプを押してください。気持ちに合うスタンプがない場合は、自分で気持ちを表す顔を描いてください。また、横にその気持ちになった理由を書いてください。

　　　月　　　日
カウンセリングが始まる前

どんな気持ち？　　　　　　そのスタンプを押した理由を書いてください

カウンセリングが終わった後

どんな気持ち？　　　　　　そのスタンプを押した理由を書いてください

【今日のふりかえり】

_____

_____

_____

_____

_____

_____

©アンガーマネジメントジャパン 2018

ようになります。

このワークは，カウンセリングルームに来た時だけではなく，日常生活の中に生かされ，自分で感情をコントロールできるようになる出発点になります。

このワークを積み重ねることによって，自分の感情を意識したり，向き合ったりするようになります。自分の感情を表現できずに成長した子ども達にとって，時には難しい作業です。しかし，表情スタンプの中にある表情と自分の身体感覚を照合し，それに感情の言葉を添え，その言葉を周りの大人に受け止めてもらえる経験をしていくと，少しずつどのような感情をもっても OK なんだと安心感をもつようになります。

K君も徐々に自分の感情を出すことができるようになりました。「今日さ，超むかつくことがあったんだよ」と言いながら，表情スタンプを押していきます。カウンセラーは「超むかつくって，どんなことがあったの？」と聞きます。K君が出来事とその時の感情を結び付け，カウンセラーに伝えることから対話が始まります。また，アンガーログシート（p.62）を使い，その中に起こった出来事やその時頭に浮かんだ言葉（考え），感情や行動を書き込み，怒りの感情を温度計で表していきました。

アンガーログを何枚も書いていくうちに，自分の怒りの感情が何に向かう傾向があるか，イライラしやすい考え方のくせは何か，どんな行動をしてしまう傾向があるかなど，自分のことを客観的に見ることができるようになっていきます。その上で，考え方のくせを修正できるようになっていくのです。

K君もアンガーログを書き，自分の考え方のくせを発見していきました。「俺，けっこう白黒思考，完璧主義が強いのかも。父親に似ているとこあるよなー」など，自分を客観的に見られるようになっていきました。そして，ネガティブな感情をもちつつも，その感情を弱めて抱えながら，日常生活を送れるようになりました。

追い打ちをかける出来事

さまざまな苦しい出来事を経験しながらも，前向きに生きようと思った

矢先に，追い打ちをかける出来事が彼の人生に起きました。あれほど憎んでいた父親の自死でした。ようやく自分でネガティブな感情を抱えられるようになった矢先に起った出来事。K君はカウンセリングルームで荒れ狂いました。「悔しい」「ふざけるな！」「何でだよ！」「俺たちのことを何だと思ってんだ！」と怒りの塊でした。

　アンガーマネジメントのカウンセリングを行う状態ではありませんでした。父親の死を彼なりに受け止めるには，かなりの時間を要しました。たくさん，本当にたくさん泣き，喚きました。スクールカウンセラーとして，その場にいて，彼の全身から出るネガティブな感情のエネルギーを感じ，それを受け止めることしかできませんでした。

　カウンセリングルームから一歩外へ出たら，通常の学校生活が待っています。それでも，以前のように校内での暴力や暴言はなくなりました。カウンセリングルームの中では，自分の怒り，苦しさ，辛さ，虚しさ，絶望感などのネガティブな感情，やり場のないK君の身体感覚や感情を言葉で伝えてくれました。

苦悩を乗り越えて
　しばらく「喪の作業（モーニングワーク）」が必要でした。数か月経ったある日，彼がぽつりと話してくれました。「俺，父親は死んだことで，何かを伝えたかったんじゃないかと思う」と。「何だと思う？」「俺さ，自分の気持ちを伝えるの苦手だった。父親もそんな気がするよ。それで，暴力や暴言で家族を苦しめた。ちゃんと言葉で言えればいいのに，それができなかったんだよ，父親は。母親をすごく苦しめた……。父親がいなくなったからって，心が軽くなんかなっていないよ。でも，暴力じゃなくて，違うやり方でちゃんと伝えなきゃいけないんだよ。そんなふうに思ったんだ……。俺，もう一度アンガーマネジメントをやり直す」と言いました。

　一人の少年がさまざまなネガティブな感情が起こっても，その感情をないものにするのではなく，自分自身にしっかり向き合いました。自分の感情を相手に伝えることで，その感情が相手（教師やスクールカウンセラー）に受け止められ，最終的に自分の中で抱えられるようになったのです。自

分の人生を，デメリットの多い人生にしないために，自分で進学先も決め，好きなスポーツの世界に行きました。

アンガーマネジメントを理解し，伝えていったら人生が変わる大人も子ども達もいます。だからこそ，アンガーマネジメントが，学校でも家庭でも広まってほしいし，必要ではないかと切に思うのです。

4．いわゆるよい子への対応事例

❖「いやいやワーク」で笑顔になった小学3年のYさん

この女の子は，小学3年生です。周囲のことに気を配れる子です。いわゆる「よい子」です。しかし，Yさんの忘れ物が多くなり，ぼーっとすることが多くなってきたので，心配した担任が母親へ連絡を入れ面談をしました。そこで，常に父親と母親のケンカが絶えない家庭であることがわかりました。担任は，Yさんのことが心配なので，カウンセラーにつなげることを提案し，母親の承諾を得て，Yさんがカウンセリングにつながりました。

父親と母親がケンカし始めると，Yさんは，別室にいるようにと，母親から指示されます。Yさんは一人でずっと父親と母親のケンカが収まるまで待っている状態です。どれほどの恐怖，緊張そして不安などのネガティブな感情を抱え一人で部屋にいるのでしょうか。

Yさんは，「お父さんとお母さんがケンカしている声を聞くのがいやなの……」とか細い声で言いました。「そうね，いやだよね」「うん」。Yさんが「いやだ」と先に言ってくれたので，「『いやだ』と思った時，身体がどうなるかなぁ」と聞きました。すると，胸のあたりを指して，ぎゅーとして，胸が締め付けられる感覚を示しました。そこで，「そうか，ここらへんがぎゅーっとするんだね。苦しいね」という言葉を添えました。すると「うん，苦しい」と。まず，安全な場所で「いやだ！」を身体の中から出さないとずっと「いやだ」のネガティブなエネルギーが溜まっていきます。すでに溜まっているのですが。そこで，「じゃ，いやだー」と言ってみようかと，私は「いやいやワーク」をしました。

私は10年間，子ども達と身体表現による演劇を創っていました。そこ

第3章　子ども達の現状

で身体と言葉のワークをやっていました。この言葉をどう身体で表現する
かという試みをたくさんやってきて，身体感覚と感情を言葉と結びつける
のにこのワークが有効でしたので，カウンセリングでもこの「いやいやワー
ク」を取り入れました。Yさんは，はじめは小さなか細い声で，「いやだ
ぁ～」と言いました。私も一緒に，「じゃあ，一緒にやるよ。せーのー，い
やだー！！」と握り拳を握り，地団太足を踏み，「いやだー」を二人で言
いました。Yさんがニコッと微笑みました。「もっと大きな声でやるよー」
ともっと大きな声で「いやだー！！」と言った時のYさんの笑顔が印象的
でした。

　「いやだ」を体から出したのです。もちろん，Yさんの「いやだ」の気持
ちがなくなったわけではありません。しかし，そのままネガティブな感情
を溜め込んだまま毎日を過ごして行ったら，いつか自分を傷つけるなど別
の不適切な形で表現していくようになります。ワークの後は，ぎゅーっと
手を握り，「よく言えたね。今までよく一人で頑張ってきたね。『いやだー』
と思ってもいいんだよ。だって，お父さんとお母さんがケンカしていたら
どうしたらいいかわからなくなっちゃうものね。いやだよね。困っちゃう
ものね」と伝えました。

　このことを，母親に来室してもらい伝えました。父親と母親がケンカし
ている時が，子どもにとってどんなに恐怖の時間か，両親のケンカは，自
分の責任ではないかと子どもは考えてしまうこと，たった9年しか生きて
こなかった中で，Yさんがどれだけ恐怖体験をしているか，自分が両親の
ケンカの原因になっていると自分をとらえてしまうか，母親に心理教育を
しました。自分が明るく，笑顔を振りまいていないと，両親がケンカをす
るのではないか，だから辛くても泣かないで毎日を過ごしてきたこと，Y
さんの状態を母親に伝えました。そして，ネガティブな感情を抱え続けて
しまうことで，将来起こりうる問題についても伝えました。

　母親もアンガーマネジメントを取り入れたカウンセリングを継続的に行
い，自分自身を見つめました。その結果，夫が何に対して怒りの感情が起
こるのかも理解するようになりました。母親自身が自分を見つめる中で，
自分の親子関係も振り返りました。母親自身が幼少期，やはり両親の言い

争いを目の当たりにし，感情を解離して，辛くても自分の感情を見て見ぬふりをして，「よい子」を演じていたことへも内省が深まりました。

この家庭のように，絶え間ない両親のケンカを見聞きしていた子どもが，たくさんのメッセージを両親へ送ってくれるのです。その後，我が子をきっかけに，この両親は新しい家族のありようを考えるようになりました。

第4章

発達段階に応じたアンガーマネジメント

1．発達段階ごとの子どもの心理の特徴と課題

　小学校へ入学してから卒業までの6年間を「児童期」と呼びます。小学校入学は，子どもにとって大きな人生の節目と言ってもよいでしょう。幼稚園や保育園よりさらに大きな集団の中で生活することになり，遊び中心の生活から学習中心の生活へと移行し，他者からの評価を受けたり，他者と比べられたりする経験が多くなってきます。また，友だち同士のかかわりが増え，友だちとの関係づくりが重要な課題となる時期です（子安，2007）。しかし，近年は，塾通いなどをしている子どもも増え，放課後友だちと遊ぶ時間が減り，学校以外の場所で人間関係を築く機会が少なくなったために，人間関係が未形成のまま成長が進んでいるように思われます。

　また，児童期の後期は男児も女児も第二次性徴が始まる時期です。性ホルモンの働きにより身体的な変化が大きく，心と身体がアンバランスになることで，上手く感情をコントロールできず，ネガティブな感情を自分の中に抱えたり，反対に衝動的・攻撃的な行動になったりすることも少なくありません。子安（2007）は，「感情は1つのエネルギーであり，特に強く感じ，強く表現する子どもがいて，それが気質につながっていく」ことを述べ，その感情を持ち続けることで，葛藤を起こさないためにも，大人がその感情を調整していくことを明示的に教えていくことが必要であると述べています。

このように，感情をコントロールして，どのように表出，あるいは表現するかは，児童期の人間関係を築くうえでも重要な課題になります。

思春期（9〜18歳頃）は，先にも述べたように第二次性徴が始まり，子ども達の心身にいろいろな変化が起こる時期です（小澤，2010）。身体の急激な変化に心の発達が追いつかない時期でもあります。その結果，感情が非常に不安定になり，日常生活の中でイライラすることが多くなります。

また，中学生のこの時期は，親にとっても，子どもにとっても葛藤の時期と言えます。この時期は，大人（親や教師など）や友だちとの考え（価値観）の違いに気づき，自分の内面世界に意識を向け始めます。大人との関係よりも友人関係を重視し，自分の存在を模索したりします。友だちと話すことで，自分の気持ちを理解してもらえて前に進むことができ，友だちの存在は大きなサポートとなります。一方では周りからどう思われているかなど意識が過敏になり，他者との関りが消極的になったり，自尊感情が低下したりする場合もあります。

また，親子のコミュニケーションも児童期と比べ，少なくなっていく時期でもあります。ちょっとした親の一言に「うるさい！」と怒鳴ることもあり，今までの我が子との違いに親自身，戸惑うことが多くなります。子どもは，自分の今までの人間関係（親子，その他の大人や友人など）や自分の思っていたことに疑問をいだき，自分の殻に閉じこもってしまったり，反対に自分の内側に抑えていた感情を一気にさまざまな形（暴言・暴力など）で表出したりします。この時期の反抗的な態度や大人への批判は，自立への第一歩です。同時に，大人自身も今までの子どもとの関係性はどうだったのかを見直す時期でもあります。

この時期の子どもは，大人や友人との違いに葛藤を抱きつつも，混沌とした自分の感情に自分自身で気づき，物事の見方やとらえ方を再構成し，他者に自分の気持ちや考えを伝えるコミュニケーションがとれるようになることが重要です。このようなプロセスを通じて，自己理解や他者理解を深め，それぞれが違う存在であることを前提に，人間関係を築いていくことが課題です。

本章では，アンガーマネジメントを取り入れたカウンセリングやアンガ

第4章 発達段階に応じたアンガーマネジメント

ーマネジメントプログラムを用いて対応した事例を紹介し，合わせて小学生向けのアンガーマネジメントプログラムと中学生向けのアンガーマネジメントプログラムの内容を簡単に解説します。小学生向けのプログラムは，心と身体が大きく変化し精神的にも不安定になったり，友人関係も複雑になってくる中学年以上を対象に作成したものです。中学生向けのプログラムは，中学校3年間を通して，怒りの感情のコントロールと人間関係を築く上で必要な知識とスキルを学べる内容になっています（3年目のテキストは改訂中）。ここでは1年目のプログラムを紹介します。

2．児童期のアンガーマネジメント

　児童期は，先にも述べたように人との関りが広がる時期です。人との関りで重要なことがコミュニケーションです。そして，コミュニケーションの基盤となるのが感情を理解し表現していく能力です（桝田，2014）。対面のコミュニケーションでは，他者の表情を理解することも大事です。他者の表情を見て，どのような感情なのかを推察することで，どのような状態なのか，今はどうしたらよいのかを理解できるようになります。

　子どもはだいたい幼児期までには，「感情は抑えないといけない」と，自分の感情量を調節することを学び，表示規則（感情表現のルール）を学んでいきます（子安，2007）。しかし，昨今はいじめ，衝動的・攻撃的な言動や不登校などの問題が児童期から起こっています。このような状況から，他者とかかわるためのより具体的な方法を教えていくことで，子どもの感情をコントロールする能力を育てていくことがますます重要になってきています。それが，衝動的・攻撃的行動の予防となっていきます。その一つとして，アンガーマネジメントを包括的に学ぶことが，今の子ども達には必要です。

　具体的には，私達にはさまざまな感情があること，他者の表情を見て，どのような感情なのかを推察できること，怒りの感情と身体反応とのつながり，怒りの感情が起こった時の対処スキル，怒りの感情が起こった時の考えやその考えを変えるコツ，そして自分の気持ちや考えを伝えるコミュニケーションの仕方を包括的に学ぶことで，感情をコントロールする能力が育っていくと考えます。

103

❖ 学校現場での取り組み（個人カウンセリング）──小学校

子どもがカウンセリングルームへ入ってきます。とても緊張しているのが見てとれます。

「○○さん，よく来てくれましたね。ありがとう」と言い，私の名前を伝えます。勇気を出して子どもも一歩を踏み入れるのです。来てくれた気持ちと勇気をもって行動してくれたことへの感謝の気持ちを表します。

少し落ち着いた様子が見られたら，次に必ずやってもらうことは，「今の気持ちをチェック！」シート（p.105）に，表情スタンプ（p.89）を押してもらうことです。最初は，「えっ？　何これ？」ときょとんとします。まず，表情スタンプを押してもらう理由を丁寧に伝えていきます。

「今，どんな気持ちって聞かれても，なかなか言葉で伝えられない時もあるよね。それも OK だよ。でも，きっといろいろな気持ちがあなたの中にあると思うので，自分が感じている気持ちをスタンプで表すとしたら，こんな感じかなぁって思って選んでみてね」と伝えます。

どんな気持ちでも OK だということを保証しないと，誰が見てもネガティブな感情だとわかるスタンプを押すと何か言われるんじゃないかと思ってしまう子どももいます。スタンプを押したら，次は，そのスタンプを押した理由を書いてもらいます。最初から書ける子どももいれば，書けない子どももいます。それも OK だよ，としっかり伝えます。代わりにカウンセラーが聞いて書いてもよいです。

もし，怒りの感情を表すスタンプを押して，理由が書けない場合，カウンセラーが「怒っているスタンプを押してくれたね。何かあったのかなぁ？」と伝え，「誰にもいろいろな気持ちがあるから，怒ってもいいんだよ」と伝えていきます。

このように，子ども達は「ネガティブな感情を出していいんだ」「ネガティブな感情をこの部屋では受け止めてもらえるんだ」という経験を積んでいきます。自分の感情に意識を向けていく作業を小学校低学年からしていきます。と同時に，「身体はどんな感じがするかな？」と聞いていきます。なかなか最初から言える子どもは多くないですが，スクールカウンセラーも自分の身体や気持ちが今どのような感じがするか伝えていくと，子ども

第4章　発達段階に応じたアンガーマネジメント

今の気持ちをチェック！

年　　月　　日

名前：_____

■　今の自分の気持ちに合うスタンプをおしたり、または顔をかいたりしてください。

はじまったとき　　　そのスタンプをおした（顔をかいた）のはどうしてかな？

○　➡

おわったとき　　　そのスタンプをおした（顔をかいた）のはどうしてかな？

○　➡

先生から

©アンガーマネジメントジャパン2018

小学校低学年から使用できる「今の気持ちをチェック！」シート

105

達も徐々に言葉で伝えられるようになります。なかなか感情の言葉を言えない子どもには，同じように「身体はどんな感じがするかな？」と聞いたあと，カウンセラーや教師が子どもが伝えてくれた身体感覚に感情を表す言葉を添えて伝えてあげてください。

例：
・子ども：なんか，胸のところがう〜って感じ。（身体感覚）
　カウンセラー：う〜って，締めつけられるようで苦しいのかな？（感情の言葉）
・子ども：ここ（頭）がカーッとなっている感じ。（身体感覚）
　カウンセラー：頭がカーッとなっているんだね。イライラしているのかな？（感情の言葉）
・子ども：このあたりがもやもやして取れないの。（身体感覚）
　カウンセラー：そうかぁ，もやもやしているんだね。不安があるのかな？（感情の言葉）

　子ども達の発する身体感覚を感情の言葉と結びつけるコミュニケーションをしていくと，子ども達はちゃんと身体感覚に意識を向けて表現していくようになります。私達大人は，この問いかけを省いてはいけないと思います。この問いかけを丁寧にしていかないと，いつまでも子ども達の身体の中には，「う〜」「カーッ」「もやもや」が溜まったままです。そして，一向にそれを表現する言葉を獲得しないので，何か不快な出来事が起こり，不快な感情がいっぱいになると，その感情は問題行動となって現れるのです。大人（教師，親，カウンセラー）が身体感覚と感情を結びつけ，それを受け止めてあげると，子どもはきれる前に感情をコントロールできるようになっていきます。

❖ まず大人が身体感覚を自覚する
　私は，小学校でも中学校でも子ども達のカウンセリングを開始すると親に会います。そして，今までお話した身体感覚の話や感情の言葉を添える

話をします。すると親の中には「私は，ネガティブな感情が子どもの中に起こっているのかなと思っても，ネガティブな感情の言葉には触れないです」と言う方もいます。

「ネガティブな言葉を子どもが言うことは，不快なことが子どもの身体の中に起こっていることを伝える言葉なので，しっかり受け止めてください」と丁寧に伝えます。すると「そこを大事にしてこなかったから，この子は泣けなかったんですね。自分でいろいろな感情を抱えてしまったのですね」と話す親が多いです。

教師にも，この話を研修や放課後のコンサルテーションの場でお話します。まず，大人が自分の身体感覚に意識を向け，その身体感覚を表現する感情の言葉を増やしていってほしいのです。これはひいては，自分の感情を大切にすることにつながるのです。自分の感情を大切にしていったら，他者の感情も推測でき，言葉かけができるようになります。これが相手を思いやる気持ちではないでしょうか。

「思いやりをもちましょう」と学校教育ではよく言います。しかし，自分に向き合うことなしに，相手のことなどわかりません。相手のことがわからなければ，相手を思いやることもできません。もっと身体感覚レベルで自分のことを知る，その時，どんな感情なのかを考える時間が，教育には必要ではないかと考えています。

❖ 感情を言葉で表現することの大切さ

私は，日常生活の中でいやなことが起こっても，その時の感情を言葉で表現できることで，最悪の状況，つまり「きれる」という状態を避けることができると考えています。

大人も子どももいやなことがあったとしても，「いやだ！」「辛い」「苦しい」と言えて，その感情を受け止めてくれる人がいれば，その感情を抱えながら生きていけるのではないかと思います。

第1章の冒頭でも伝えましたが，アンガーマネジメントは「怒りを抑える」ことではないのです。怒りの感情をないものにする，あるいはなくすためのものではありません。アンガーマネジメントを学ぶと，あるいはカ

ウンセリングを受けると，怒りの感情がなくなると誤解している人もいるように思います。

　何度も言いますが，怒りの感情は悪い感情ではありません。むしろ，私達を救ってくれる感情であり，必要な感情なのです。この感情を意識できるからこそ，何とかしたい，どうにかしなくてはと考えられるのです。怒りの感情，あるいはネガティブな感情が出た時こそ，目の前の子どもあるいは大人を理解する良いチャンスだと考えてほしいのです。

♠ 〈ケース〉思い通りにならないとパニックになり，周りをみんな悪者にしてしまうO君

　私が小学5年生のO君と出会ったのは，2年前。彼は，集団が怖く，「いつもクラスのみんなは，僕の文句を言う」と訴えていました。「みんな殺してやる！」「死ね！」と暴言を吐いていました。一方，同じ年の子どもが側を通っただけでおどおどしている面もある子どもでした。学校もカウンセリングの日以外は登校することはありませんでした。

　とにかく学校にも「安全な場所」があるということを知ってもらうことが優先でした。最初にいつも行う「今の気持ちをチェック！」で，O君は怒りマックスを表すスタンプを押していました。「みんないやだ！　怖い，いやなんだよ！　僕のこと絶対嫌いだし！」と毎回言っていました。そのネガティブな感情や言葉もここでは言ってもいい場所なんだ，とわかるとカウンセリングの日だけが一週間の楽しみの日となりました。

　O君との信頼関係ができた頃，私は小学生のアンガーマネジメントプログラムをやってみようと思いました。最初は，「いろいろな感情があっていいんだよ」ということを伝え，いろいろな場面でどんな気持ちになるかを楽しみながらやっていきました。ネガティブな感情を出す時，O君の顔は曇りましたが，「いいんだよ，だって怒るのはちゃんと理由があるからでしょ」と常にネガティブな感情を承認する会話を大事にしました。

　身体中にネガティブな感情が充満しているO君でした。ネガティブな感情を受け止め，承認する中で，自分から「ここへ来ると本当にほっとするね。だからスタンプはこれだよ」と言えるようになり，自分の中にネガティブだけでなくポジティブな感情もあることを意識するようになりました。

ある日，カウンセリングルームにある黒板に温度計を書きました。そして 60 度のレベルの所まで赤のチョークで色を塗りました。私は心の中で，「怒りが今日は 60 度なんだなぁ」と思い，それを伝えました。すると O 君は，「人は怒っているだけではないんだよ。これは『ワクワク温度計』って言うんだよ」と教えてくれました。自分の中に，ポジティブな感情があり，それを私に伝えられるようになりました。カウンセリングルームを出る時は，「いっぱい話せたし聴いてもらえたから 80 度だ！」と，ワクワク温度計の 80 度の目盛りまで色を塗って退出しました。

　ネガティブな感情を表わすスタンプを押した時もポジティブな感情を表わすスタンプを押した時も，どんな出来事があったか，その時どんな気持ちになったか，そしてどうしたかを丁寧に聴いていきます。すると，子どもは少しずつ，出来事や感情と行動を結びつけて話せるようになります。しばらく，このような会話を続けていきます。

　怒った時の身体の変化なども話し合います。だんだん，自分の感情，身体，行動をモニターできるようになってきます。そのような流れの中で，「むかついた！」と言った場合，「温度は何度？」「150 度だよ！」「えーっ，150 度，これはすごいことが起こったんだね。むかつくことがすごくいっぱいということだね。その時，O 君の頭の中でどんなことを考えていたの？」「『僕のことまた文句言っている。なんで僕にだけ文句を言うの』って思った」「そうか，そう考えて，むかつく 150 度になっちゃったんだね。辛かったね」「うん，めちゃ辛い」O 君の辛さを受け止め，その時に落ち着かせるストレスマネジメントを教えます。O 君は，**10 秒呼吸法やセルフトーク**がフィットしたようでした。一緒に呼吸を合わせ，やってみました。

　O 君のカウンセリングが始まると同時に，母親のカウンセリングも始まりました。母親の子育ての大変さを受け止めつつ，どのように家庭で O 君に対応するか，また O 君の気持ちを聴く会話をしてほしいことを伝えました。今まで，O 君の「感情を聴く」という会話をあまりしてきていなかったので，母親も最初は恥ずかしいような，上手く話せるか不安がありました。私とのやり取りで，母親は気持ちを聴いてもらえた時の心地良さを実感し，家でも O 君の話を聴く時間が増えていきました。どのように感情の

言葉をかけたらよいかも伝えていきました。イライラしている時のO君の裏側の気持ちも「怒りの氷山モデル」から一緒に考えていきました。

担任とスクールカウンセラーの連携も続けてきたので，3学期になると，少しずつクラスに行けるようになりました。スクールカウンセラーの来る日は，「ここへ来るとあ〜んしん！」と言って，学校や家での良い出来事も話すようになりました。

5年生の終わりから，毎日学校へ来るようになりました。自分の得意なことをクラスの仲間や担任や他の教師にほめられ，自己肯定感も出てきて，全ての学校行事にも参加しました。自分からいろいろなことに挑戦するようになりました。今では，「殺してやる！」「みんなが僕の文句を言っている」という言葉は全く聞かれなくなりました。

❖ アンガーマネジメントを授業に取り入れる（小学校）

私達は，子どもがポジティブな感情もネガティブな感情もどちらも価値のある大切な感情であることを知ってもらいたくて，小学生向けのアンガーマネジメントプログラムを開発しました。以下にそのプログラムを紹介します。

♣ 小学生が学ぶアンガーマネジメントプログラム

『アンガーマネジメントプログラム—笑顔の毎日　自分の気持ちと上手につき合おう！』は，レッスン1からレッスン5まであり，45分間の授業，5回で終わる構成となっています。テキストには「今の気持ちをチェック！」シート（p.111）が入っていて，授業の最初と最後に必ず自分の気持ちを意識できるようになっています。では，各レッスンの内容を説明します。

① 　レッスン1

このレッスンは「いろいろな気持ちに気づこう」がテーマです。自分の中には嬉しい気持ちから悲しい気持ち，怒りの気持ちまでさまざまな気持ちがあることから始まり，どの気持ちもみんなOKということを学びます。そして，「気持ちは顔の表情にも表れる」ということを学んで

第4章　発達段階に応じたアンガーマネジメント

いろいろな気持ちに気づこう！

レッスン1

レッスン1では、自分の気持ちについて考えます。
自分の中にあるいろいろな気持ちをみてみましょう。

今の気持ちをチェック！

自分の今の気持ちを表している顔の表情はどれですか？
下の10個の顔の中から選んで、その番号を書いてください。
またその表情を選んだ理由も書いてみましょう。

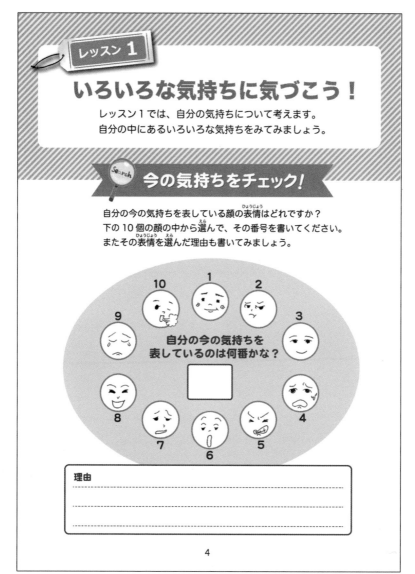

理由

出典：小学生向け『アンガーマネジメントプログラム　笑顔の毎日　自分の気持ちと上手につき合おう！』

きます。改めて，私達の中には，いろいろな感情があることへの気づき
をねらいとしています。

② レッスン2

　このレッスンは，「だれの中にもあるイラっとさん」がテーマです。こ
こでは，対処が難しいと考えられている怒りの感情に焦点を当てます。
自分の中には，ネガティブな感情もポジティブな感情も両方あって OK
だということや，怒りの感情には弱いレベルから強いレベルがあること
を知るのがねらいです。

③ レッスン3

　このレッスンは，「イラっとさんとのつき合い方」がテーマとなってい
ます。このレッスンでは，ストレスマネジメントを学びます。怒りの感
情が起こった時の自分の身体の変化に注目します。身体感覚を言葉で表
現する一歩となります。そして，身体がリラックスしているとはどうい
う時なのか，リラックスしていないと感じた時は何をやったらよいのか
を学びます。

④ レッスン4

　このレッスンは，「イラっとさんがほっとさんへ変身」がテーマです。
イライラしていると，どんどん悪いことを考えてしまう傾向があること
を学んだ上で，どんなふうに考え方を変えたら，怒りの感情のレベルが
弱くなるかを学びます。

　アンガーマネジメントは，認知行動療法がベースになっていて，この
回は「認知変容」を扱います。考え方を変えてみると何が変わるかを考
える部分です。考え方の幅を広げる力をつけることがねらいです。

⑤ レッスン5

　今までは，自己理解の部分でした。最後のレッスンでは，「自分の気持
ちや考えを伝えよう」がテーマです。自分の気持ちを伝えるロールプレ
イを交えてレッスンが進みます。

　人間関係のトラブルはコミュニケーションのトラブルから起こること
が多いです。自分の気持ちを伝えないがゆえに，相手から誤解されたり，
相手の反応を見て，自分の思い込みが強くなったりします。一方，自分

の言いたいことばかり押しつけたり，反対に相手の要求を断れなかったり，人の文句を陰で言ったりするなど，さまざまなコミュニケーションの仕方をしています。

　そこで，自分のコミュニケーションの仕方を考えるとともに，トラブルになりそうな場面を取り上げて，イライラしないで落ち着いて伝えられるためのコミュニケーションの方法を学び，実践することをねらいとしています。

　5回のレッスンを通して，自己理解→他者理解→相互理解につながる構成となっています。ぜひ，道徳や総合の時間に組み込んで，自分の感情に向き合う時間を子ども達のために作っていただけたらと心から願います。

　このテキストはスクールカウンセラーが個人のカウンセリングにも大いに活用できます。

3．思春期のアンガーマネジメント

　思春期になると，今まで親をはじめ大人の言うことに従順だった子ども達も，大人の言動に反発心をもって向かってきます。まだ，親や大人に向かっていく子どもは，自分の気持ちや考えを表現しているのでよいと思います。心配なのは，親や教師など大人の言うことと自分の考えは違うと思っても，言わないあるいは言えないで，心の中に怒りの感情などのネガティブな感情を抑え込んでしまう子ども達です。

　中学生だからといって，感情の言葉が多いあるいは感情表現が豊かであるとは限りません。感情の語彙数が少ないために，自分の感情を表現できず内側に抱え込んでしまう，あるいは暴力・暴言などの行動で自分の感情を処理するケースも少なくありません。

　「言ってもどうせ，親は自分の考えを押し付けるだけ」「子どもがどんなふうに考えているか，どんな気持ちかなんて，聴いたりしてはくれない」「言っても無駄。無理」などと言いながら，子ども達は自分の感情を言わなくなります。

　もちろん思春期の一過性の反発心で言っている場合もあります。しかし，

「思春期だから仕方ない」といって見て見ぬふりをして片付けられる言葉だけではありません。中には，どこにも自分の感情や考えを伝えられず，受け止めてもらえないがゆえに，不登校，引きこもり，自傷行為，摂食障害，反社会的行動，家庭内暴力などの行動として現れたりもします。

思春期の子ども達とカウンセリングをしていく中で，心を閉ざしてしまう理由として上記のことを話してくれました。小学校の時から，いやもっと幼い時から，この子ども達は，彼らの感情に耳を傾けてくれる大人に何人出会ってきたのでしょうか。子ども達の行動に関心を示し接してくれた大人がどれだけいたのでしょうか。子ども達を受け止める大人との出会いがなかったら，おそらく，子ども達はどんどん心を閉ざしていきます。

子ども達が起こす行動，暴力や暴言，いじめ，自傷行為，不登校，全ての行動に理由があります。そして，このような行動を引き起こすさまざまなネガティブな感情が，子ども達の中に起こっているのです。

中学生のアンガーマネジメントでは，コミュニケーションに大事な感情の言葉を増やすことから始まり，怒りの感情は自然な感情で大事な感情であることを学びます。怒りの感情が自分にどのようなメッセージを送っているのか，怒りの感情と他の感情との関係，さらに怒りの感情と身体反応（感覚）とのつながりに意識を向け，心身の興奮を落ち着かせるスキルを学び，実践できるようになることが重要となります。児童期のアンガーマネジメントと比べ，より深く自分を見つめる機会になります。

また，物事をどうとらえるかによって怒りの感情が起こったり起こらなかったりすることや，物事のとらえ方を変えることで怒りの感情がやわらぐことを学びます。さらに，怒りの感情を弱め，他者に自分の気持ちや考えを伝えるコミュニケーションの仕方をロールプレイすることで学んでいきます。

アンガーマネジメントを通して，同じ出来事でも人それぞれとらえ方や感じ方が違うことを子ども達は理解していきます。「人と自分は違う」と意識し始める時期でありながら，他者に合わせてしまう自分に葛藤を抱えイライラする，一方では「自分は人と違っていいのだろうか」と不安を抱えイライラすることが多くなるのが思春期です。この時期に，「みなそれぞれ

第4章　発達段階に応じたアンガーマネジメント

違っていいんだ」と気づくことで，自らの個性や他者の個性を大切にする
人間関係を築ける一歩になると考えます。そのために，授業として子ども
達がアンガーマネジメントを学ぶ機会が増えることを願っています。

❖ 教師・親への研修で伝えていること

　小・中学校，高校の教師への研修や親への研修で私は，「行動だけに焦点
を当てた指導は，子ども達は耳をふさぎます」と伝えています。確かに，
問題行動を起こすことはいけないことです。しかし，その行動だけを制止
しようと，あるいは行動を変えようという目的だけで，子どもと話をして
いると，教師あるいは親の話を聞いていること自体が刺激になり，その場
では「はい，わかりました」と言っても，また同じことが繰り返されます。
　同じ問題行動が繰り返されるということは，前述しましたがアプローチ
が間違っているということなのではないかと思います。私は，「その問題行
動を引き起こしてしまう，彼らの感情を，また彼らの心の内側の声を理解
しようと彼らの話を聴いてください」と，伝えます。「感情を聴く」です。
そこに，初めて受け止めてもらえたという安堵の気持ちが出てきます。そ
こで，「相手を信頼してみよう」と考えられるようになります。この時期の
子ども達は一気に心を開いてくれません。少しずつ，少しずつ心を開いて
くれるのです。

❖ 思春期の子どもに寄り添う言葉かけ

　問題行動を起こしている児童生徒を見ると，今まで生きてきた中で，度
重なる体罰か叱責を受けているケースが少なくありません。まず，子ども
達の気持ちを聴いてくれる大人に出会っていないのです。
　「そんなふうな行動をするには，何か理由があるのではないかな？　それ
を聞かせてほしい。先生は，○○さんを見ていると辛いんじゃないかなと
思うよ。○○さんの気持ちはどうかなぁ？」と子どもの感情に寄り添う言
葉かけが大切なのです。
　アンガーマネジメントを学び，深く自分の感情に向き合い，子ども達に
向き合っている小学校の教師が，いつも暴れる子どもを前に，こんなふう

115

に言うそうです。

「壁を叩いて，痛いよね（身体感覚に注目）。自分を傷つけてまで，今君はすごく怒っているんじゃないかと思うよ。どうかな？　何かあったから怒っているんだよね。それを話してほしいんだ」と子どもの気持ちに寄り添う対応をしています。子どもはようやく，自分の気持ちをわかってくれる大人に出会います。横を向いていても，子どもの心は教師の方を向いているのです。「ちゃんとこっちに向きなさい」なんて言う必要はありません。子ども達はそのような言葉をもう何百回も言われ続けてきました。その代わり，その場にいて，教師の言った言葉に少しの時間でも，耳を傾けてくれたことをほめます。「この先生は，僕の話を聴いてくれる人だ」という信頼関係が生まれます。相手を信頼すれば，心も身体も向き合ってくれます。

❖怒り感情は増大，しかし悲しみは減少？

速水・丹羽（2002）は，近年の子ども達には怒りの感情が多く，かつ表出されるようになり，怒りの感情以外の感情が以前に比べて減少していることを指摘しています。

中学校でのアンガーマネジメントの授業で，「喜怒哀楽」に関する言葉集めのワークを行うと「怒り」に関する言葉が圧倒的に多く出てきます。中学生を対象にした個人カウンセリングやアンガーマネジメントの授業で，「怒りの氷山モデル」で怒りの感情の裏側にあるネガティブな感情（悲しみ，寂しさ，劣等感など）があることを説明しますと，自分の怒りの感情の裏側にもさまざまな感情があることに，子ども達は気づきます。すると，子ども達は「イライラしているけれど，本当は私，悲しかったんだな」など，怒りの感情以外の感情を発見していきます。

怒りの感情以外のネガティブな感情を探る感情教育がないがゆえに，子ども達は怒り以外のネガティブな感情があることに気づかないのではないでしょうか。氷山モデルを用いた感情教育をしていくと，悲しさ，悔しさ，不安，焦りなどのさまざまな感情を言葉にして言えるようになります。

第4章　発達段階に応じたアンガーマネジメント

❖怒りの氷山モデルが教えてくれる怒り以外のさまざまな感情

　中学校のアンガーマネジメント授業でも，「怒りの氷山モデル」を使って，怒りの正体，つまり怒りの感情が起こる前の感情（怒りの裏側の感情とも言います）を学んでいきます。氷山モデルを学んだ子ども達は，次のような感想を書いてくれます。「怒りには，いろいろな感情が含まれていることがわかった」「怒りばかりに目が行くけれど，その裏側には悲しさとか不安とかあるんだとわかって，怒りに振り回されないようにしようと思った」など，怒りの感情以外のさまざまな感情を意識するようになります。

　小学校高学年くらいになると，このような感情への取り組みを丁寧にしていくことで，「イライラしていたけれど，私，本当はどう思われるか不安だったんです」と伝えられるようになります。「自分の怒りの感情が何に対して起こったのか，そしてどんな感情が基にあるのかがわかって，かえってほっとした」と話す生徒もいます。怒りの感情にはさまざまな感情が関連していることを学ぶことで，怒りの感情だけに振り回されなくなっていきます。

❖アンガーマネジメントを取り入れたカウンセリング事例

♠〈ケース〉不登校を機に，さまざまな感情があることに気づいた女子生徒（中学校）

　Cさんは，とても真面目で何事もきちんとしないといやなタイプでした。両親からも大事に育てられました。ただ，母親の子育てへの不安が強かったために，Cさんが行動を起こす前に全てを整えてしまうところがありました。彼女の本心はそうしてほしくなかったのです。しかし，それを母親に伝えると，母親の不安が強くなるのがわかっていたので，そうならないために，完璧に何事もやらなくてはという考えが強くなっていきました。

　とにかく家でも学校でもいやな顔をしないでにこにこしている生徒でした。しかし，Cさんの心の叫びがついに起こりました。「もう，限界。人の中にいて，にこにこしているのはいや！」と。そして学校へ行かなくなりました。

カウンセリングの中で自分を取り戻す

アンガーマネジメントを取り入れたカウンセリングでは，自分の中にしまっておいた感情を探っていきました。時には，自分の感情の揺れ幅に一喜一憂したり，時には冷静に自分の心の奥を見つめたりする中で，「私の中には，いろいろな感情がたくさんあったんですね」と言えるまでになりました。

本当は，いろいろな感情がCさんの中で動いていたのです。しかし，自分の感情や考えていることを伝えたら，母親の不安が強くなり，もっと自分の行動が制限されると考え，心の中で湧き起こるネガティブな感情を見ないように解離させていたのです。

Cさんの変化を受け止めるには，母親自身も自分と向き合う時間が必要でした。それぞれが自分を見つめる時間をもったことで，少しずつ親子の分離が始まりました。

Cさんはその後，自分の進みたかった「表現者（演劇）」の道を歩み始めました。誰が選んだ道でもない，自分で選んだ道に四苦八苦しながらも頑張っています。

この事例が示しているように，感情を聴いてもらい，その感情を受け止めてもらった時に，身体の中に生きるエネルギーが湧いてきます。家に引きこもり，その行動だけを叱責され続けていたら，学校への復帰や心の回復はなかったと思います。

この事例は，まさしく親も子どもも，アンガーマネジメントを通して，自分に向き合った事例です。結果的には，それが相互理解につながっていき，親子のコミュニケーションの改善・回復にもつながりました。

♠ 〈ケース〉ADHDと診断された男子生徒への取り組み（中学校）

D君は，小学校の時から衝動的に友達に手を出してしまい，注意や叱責を受け続けてきました。とても正義感が強く，白黒思考で物事を見る傾向がありました。誰かが自分以外の生徒に文句を言っているのを見ると，いてもたってもいられなくなり，席を立ち文句を言っている生徒の所へ行き，その子を殴ってしまうのです。もちろん相手は，突然殴られるわけですから，相手からのパンチも来ます。するとそれをきっかけに大変な騒ぎにな

るということが頻繁にありました。

　たびたびこのようなことを起こしたために，学校に行きづらくなり登校しぶりが始まりました。気持ちを切り替えて学校に行っても勉強についていけなくなり，静かに座っていようと思っても，勉強の難しさに身体が反応し，うずうずして立ってしまうなどが見られました。

　登校しぶりが多くなった頃，カウンセリングルームにつながりました。D君は，スポーツに長けていて，スポーツの大会では，「負けたくない！」という気持ちも人一倍強いようでした。

　そこで，スポーツ界でも，より良いパフォーマンス（結果）を出すには，まずイライラしていたら良い結果も出せないという話をしていきました。D君が関心を示すことから始め，アンガーマネジメントを導入していきました。時々話題がそれると元に戻しながらも，ほぼ毎週50分間のアンガーマネジメントのカウンセリングを続けました。

　D君への具体的な取り組み内容
　怒りの感情が起こる場面になると，衝動的・攻撃的な言動になることが多いので，今の自分の気持ちをモニターする「**今の気持ちをチェック！**」をカウンセリングの前後毎回行いました。
　①　毎回の気持ちのチェック［**今の気持ちをチェック！シート**（p.95）を使用］
　②　「出来事→行動」の整理から「出来事→考え→感情→行動」の整理へ
　　まず，衝動的，攻撃的な行動を起こしてしまった場面を自分で客観的に把握し，どのような行動をしてしまい，どのような結果になるかを理解するところからスタートしました。［**出来事と自分の行動を整理するシート**（p.120）を使用］
　　次に，衝動的・攻撃的な行動を起こしてしまった時，その引き金になった出来事やその時頭に浮かんだ考え（自動思考），感情，行動とその結果を聴いていきました。［考え，感情，行動を書ける**アンガーコントロールシート**（p.121）を使って整理する］
　　相手からいやなことを言われたらイライラするのも当然だが，暴力や

イライラに困っている子どものためのアンガーマネジメントスタートブック

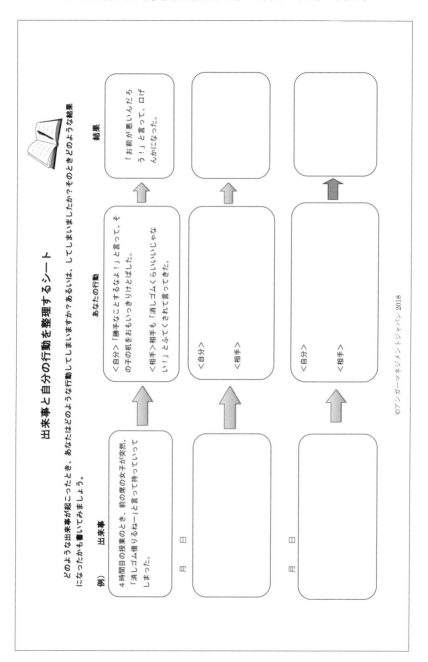

第4章 発達段階に応じたアンガーマネジメント

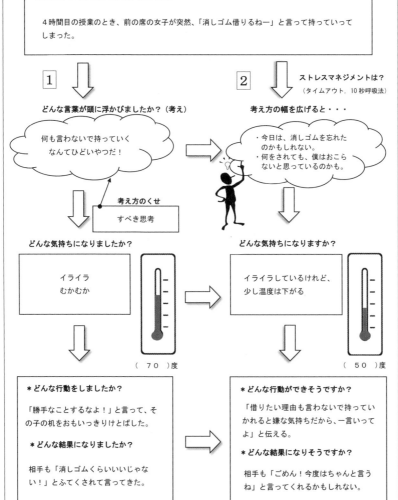

暴言で解決するのではなく，別の解決方法を一緒に考えていこうと伝えました。また，暴力などの問題行動を起こした時の法律的な処遇も伝え，心理教育を行っていきました。

③　ストレスマネジメント

　毎回，怒り感情が起こった時の身体感覚にも注目できるようになるために，「身体はどんな感じ？」と聞いていきます。

　心身を落ち着かせるために何ができるかも一緒に考えていきます。ここがストレスマネジメントの部分です。まず，6秒を意識するための「6秒カウントダウン」を行います。前頭葉の感情コントロール機能が発動するまでの時間（3〜5秒）を稼ぎます。それから「10秒呼吸法」で落ち着き，衝動的な行動をとらないようにすることを目標にします。また，「怒りの温度計」で自分の怒りのレベルを客観的にモニターすることも毎回していきます。徐々に自分の感情をコントロールする力もついてきて，カーッとなっても，すぐ手が出る，暴言が出る回数は減っていきました。担任からも，「最近，手を出すことがなくなりました」という報告を受けました。

　このように，怒りの感情が起こった時に，自分の怒りを客観的に見ることができ，自分で対処法を選び，実践できるようになることで，アンガーマネジメントがさまざまな場面で応用できるようになっていきました。すると，「自分の感情を自分でコントロールできるんだ」という自己効力感や自己肯定感も育ってきました。

④　アサーティブコミュニケーションのロールプレイ

　次に，暴力ではなく，言葉で自分の気持ちや要求を伝えられるようになるために，私と一緒に実際の場面を設定してアサーティブコミュニケーションのロールプレイをやっていきました。

　このトレーニングもやった場合とやらない場合では，イライラした場面があった時の本人の心の持ちようが違ったようです。D君も，卒業直前の作文で，印象に残ったことは，「アンガーマネジメントで自分が変わったこと，すぐに殴らなくなったこと」と書いてくれたと担任が話してくれました。

第4章　発達段階に応じたアンガーマネジメント

❖ アンガーマネジメントを授業に取り入れる（中学校）

2011年に渋谷区公立中学校にアンガーマネジメントを伝えました（佐藤，2016）。生徒は授業として年8回，中学1年生から中学3年生までの3年間，合計24回のアンガーマネジメントを学ぶことになりました。あれから7年以上経ちます。他の中学校でも授業の一環に取り上げられ，教師が授業者になってアンガーマネジメントを生徒に教えています。教師への研修では，「まず，大人が自分のために学んでほしい」と何よりも先に伝えます。そのため，教師だけではなく親も一生懸命学んでいます。

2017年度より，町田市立金井中学校で500名の生徒が，新しく改訂した中学生向けテキスト『怒りやわらかステップ―自分の気持ちと上手に付き合うためのアンガーマネジメント』（稲田ら，2017）を手にして，学び始めました。教師は，前年度から少しずつアンガーマネジメントの研修を受けてきました。授業に先立ち，教師は生徒役として模擬授業を受けて，それから授業者として生徒にアンガーマネジメントを教えています。

アンガーマネジメント授業を参観しましたが，同じテキストを使いながら，教師一人ひとりが個性のある授業を展開していました。生徒も発達段階に応じて，元気な反応から大人に近い反応までいろいろあり，同じテキストでも教師の教え方や生徒の受け止め方で反応が違いユニークでした。

以下で，中学生のテキスト内容を紹介します。このテキストは，中学校3年間のうちの1年目のテキストになります。2年目，3年目のテキストは，さらに詳しく学ぶ内容となっています。本書では，1年目の内容を紹介します。

♣ 中学生が学ぶアンガーマネジメントプログラム

『怒りやわらかステップ―自分の気持ちと上手に付き合うためのアンガーマネジメント』は，レッスン1からレッスン5まであり，50分の授業，5回で終わる構成となっています。では，各レッスンの内容を説明します。

① ステップ1

ステップ1では，「いろいろな気持ちに気づく」がテーマとなっています。顔は，その時々の心の動きを見事に表す（今野，2011）と言われているように，顔の表情と気持ちのつながりについて考えます。

このステップ１では「気持ちの木」というワークがあります。テキストには１本の木にいくつかの枝が描かれてあり，その枝には「楽しみ・喜び」の枝，「悲しみ」の枝，「不安」の枝，「驚き」の枝，「怒り」の枝があります。生徒はここに，それぞれの枝に関連ある感情の言葉を書いていきます。このワークを通して，自分の中にあるたくさんの感情の言葉を見つけていきます。グループワークを通して，それぞれが書いた言葉を共有し，感情の言葉を増やしていきます。また，中学生は思春期という時期にあたり，この時期の身体と心の変化にも注目します。この時期に怒りの感情が起こりやすくなることは自然であるが，感情の言葉を増やすことで自分の気持ちも伝えやすくなることを理解するのがねらいです。

② 　ステップ２

　ステップ２では，「怒りの気持ちに気づく」をテーマに，特に怒りの感情に焦点を当てます。怒りの感情は，ネガティブな感情としてとらえられています。しかし，怒りの感情のもつメッセージや，怒りの裏側に隠れているさまざまな感情があることに注目していく内容も取り入れています。

　さらに，怒りの感情が起こった時の身体感覚に意識を向け，身体感覚を丁寧に探っていきます。身体感覚と認知（感情の言語化）がつながることが，感情の暴走を防ぐことになる（大可原，2004）と言われているように，身体感覚と怒りの感情のつながりを意識できるようになることをねらいとしています。

③ 　ステップ３

　ステップ３では，「怒りの気持ちをコントロールする」がテーマになっています。アンガーマネジメントでは，大人も子どもも自分の感情に意識を向け，自分の怒りがどのくらいのレベルなのかを客観的に見れるようになることを大事にしています。自分の怒りの感情を冷静に見ることができれば，その感情が強くなる前に，何らかの対処法を自分で実践することができるようになります。実際に，怒りの感情が起こった時，心と身体を落ち着かせるストレスマネジメント（10秒呼吸法，筋弛緩法な

第4章　発達段階に応じたアンガーマネジメント

ど）を身に付けてもらうことをねらいとしています。

④　ステップ4

　ステップ4では，「別の考え方を見つける」がテーマとなっています。小学校のテキストでも出てきましたが，「認知変容」をここで学びます。自分の思い込みで物事をとらえるのではなく，相手の状況を想像する視点を重視し，考え方の幅を広げるとどんなふうな考え方ができるかを学んでいきます。

　イライラしがちな人は，自分の色メガネで物事をとらえる傾向があります。ちょっと冷静になって考えると，別の見方があることに気づきます。怒りの感情をレベルアップさせないためにも，さまざまな角度から物事をとらえる力をつけていくのが，このステップのねらいです。

⑤　ステップ5

　ステップ5では，「自分の気持ちや考えを伝える」アサーティブコミュニケーションについて学びます。アサーティブコミュニケーションとは，自他尊重のコミュニケーションです。自分のコミュニケーションのタイプを振り返る，相手によって自分のコミュニケーションの仕方が違うことなども探っていきます。

　ステップ5の最後では，問題場面を設定し，自分で台本を作り，アサーティブコミュニケーションのロールプレイをやってみます。自分の気持ちや考えを相手にわかるように伝えていけるようになり，相互理解を目指したコミュニケーションができるようになることがこのステップのねらいです。

　一人でも多くの児童や生徒がアンガーマネジメントのテキストで学び，自分の感情を大切に扱ってくれる日が来ることを心から願っています。そのような日が来たら，今よりもいじめ，暴力，不登校も減るのではないかと思います。

第5章
大人が変われば子どもも変わる

1. 子どもの言動が教えてくれる心の叫び

「大人が変われば子どもも変わる」このような言葉はよく聞く言葉です。子ども達に向き合う教師や親の実践をたくさん見てきて，本当にその通りだと思います。そして，どの教師も親も口をそろえて，「子どもの問題を通して，私自身がたくさんの気づきをもらいました」と話してくれました。

一方で，「いくら言ってもこの子どもは変わらない」「何度も同じことを繰り返す」「私を困らせている」など，たくさんの言葉を大人から聞きます。確かにそれは，事実だと思います。何度も同じことが繰り返されれば，辟易します。一生懸命育てているのに，これでもかと問題を起こし，挙句の果てに子どもに怒鳴られたら，「もういいや」「親だって我慢ならない……」と怒りの感情が起こってきます。それも当然だし，自然な感情だと思います。

父親が自分の親との関係を見直して……

ある男子生徒の父親が私に話してくれました。「あんなに暴れ，暴言を吐いているけれど，本当は俺の気持ちわかってくれよ！ 何でわからないんだよ！ と言っているように聞こえます。本当は人を傷つけたくない，心の底では求めているんですよね」と言った言葉が今でも心に残っています。

この父親が言っている通りです。岡本（2002）は，「ムカつき，キレる子は，人との生身の触れ合いを求めていることが少なくない」と述べてい

第5章　大人が変われば子どもも変わる

ます。暴力という行動を示すことで,「かかわってほしい」というサインを出しているのです。そう考えると, 前述したように怒りの感情は,「コミュニケーション的機能」ももっているわけです。

　この父親は, 以前, 暴力や暴言などの問題行動を起こす息子の行動の奥にある彼の感情を理解することから目を背けていました。実は, その父親は, 息子の暴力や暴言を見聞きするたびに, 父親自身の親子関係を思い出して, 真正面から息子に向き合うことができませんでした。しかし, 何度も同じことを繰り返す息子がこれでもかこれでもかというほど, 父親にメッセージを送ってきました。

　しかし, 父親はようやく, 今までふたをしてきた自分の感情に向き合う決心をしました。自分自身の親子関係を見直し, さらに自分と息子との関係を修復していきました。

　父親の父親（息子にとって祖父）も息子と同じように家庭内暴力をふるっていました。この父親は自分の父親に対する怒りの感情をないものにし, 勉強や仕事を頑張ってきたそうです。自分の感情を見ないようにしてきたので, 感情について鈍感になっていたと話していました。自分の感情を押し殺し頑張ってきた自分に対して, 息子が暴力・暴言を浴びせ続けたことで, 今まで自分の中に抑え込んでいた怒りの感情が再び沸き起こり, その感情を封じ込めるために息子とかかわらないようにしていました。しかし, それでは息子の言動を理解することはできないし, 関係もさらに悪化すると思い, 父親は, 息子の言動が伝えている心の奥を理解しようと思いました。

　父親は,「息子のやっていること（暴力・暴言）は私に,『これ以上, ポーカーフェイスをするなよ。本音を言えよ！　おやじの気持ちってあるのかよ！！　もっと向き合ってくれよ。俺の気持ち, わからないのかよ！』と伝えたかったのだと思います。そして, 息子が私にした暴力や暴言は確かに悪い行動ですが, 私にもっと自分の気持ちを大事にしろよ, そうじゃないと俺の気持ちだってわからないだろう, と言ってくれたような気がします」と話してくれました。

　どうしても大人の私達は, 子ども達の言動が何を訴えているかに耳を傾ける前に, 子ども達の言動を何とかしようとします。

127

私は，今の子ども達の暴力や暴言，そしてさまざまな問題行動は，私達大人に何かを伝えようとしているサイン，あるいはメッセージであると考えています。

❖ 子ども達と向き合う大人に大事なこと

暴力の背景には，親子関係が大きく影響していると言われています（平松，2002）。先ほどの男子生徒と父親との関係においても，親子関係を抜きにしては考えられません。

学校において，教師は，家庭の問題に深くかかわることが難しいと思っているところがあります。また，スクールカウンセラーも学校現場でどこまでかかわったらよいかと戸惑う人もいると思います。

私は子どもの問題を見ていく時，子どもにかかわるだけでは片手落ちだと考えています。子どもをカウンセリングするだけでは，問題解決できないケースも少なくありません。基本的に，私は小学校でも中学校でも，可能であれば両親あるいは母親か父親に会います。そして，一緒にタッグを組んで子どもへの対応をしていきます。両親の苦悩も聴き，時には親自身が自分の生育歴を振り返り，子どもと向き合うことも多々あります。親の苦しさにじっくり耳を傾けることで，親は硬くなっていた心を少しずつ開いてくれます。

私は，子ども達の問題に向き合う時に背景にある家庭を理解することなしに，子どもの行動が何を意味しているかを理解することは難しいと考えています。

特に，思春期の子どもは，親との関係を身近な教師やカウンセラーとの関係の中で再現していきます。ただ，単に問題行動だけに焦点を当てていたら，子どもは「結局，先生もカウンセラーも親と同じだ」と考え，受け止めてもらえない悔しい気持ちが残り，同じことが繰り返されます。

❖ さまざまな傷つきを経験している大人達

教師も，カウンセラーも親も，子どもと向き合う時，自分自身の子どもの頃の親子関係が再現される時があります。子どもの頃よい子でいた教師，

カウンセラーあるいは親が，今でも「よい教師」「よいカウンセラー」「よい親」でいなくてはと思っている場合は，暴力をふるったり暴言を吐いたりする子どもの気持ちを理解することが難しいかもしれません。そのような時，自分がどのような親子関係を経験してきたかを子どもとの関係から再び経験するかもしれません。

　例えば，暴力をふるったり暴言を吐いたりする子ども達とのかかわりの中で，教師もカウンセラーも親も，言いたいことを言ったり，やりたいことをしたかった自分自身を彼らに重ね合わせて見るかもしれません。はちゃめちゃな行動をしたくてもできないで我慢して大人になった今の自分は，自分がしてこなかった行動をする子どもを許せないかもしれません。そのような時，改めて，目の前の子どもとのかかわりを通して，自分はどのような傷つきを今まで経験してきたのか，あるいは本当はどうしたかったのかを，見つめ直すチャンスとなります。

　子どもと向き合う大人は，まず自分自身のことを理解することが肝要です。自分の傷ついた経験を振り返り，自分自身を理解してこそ，葛藤を抱え，苦しんでいる子ども達の感情を聴くことができるのではないかと思います。

❖ 安心・安全と思える居場所づくり

　私は，大人が変わったことで，変化があったたくさんの児童生徒を見てきました。教師も子どものために一生懸命です。もちろん親もそうです。しかし，一生懸命の方向が時には，子どもの望んでいる方向とは別の方向へ向かっている時があります。

　「しっかりやらせないと」，「ちゃんとみんなと同じようにできないと」と思うあまり，我が子への期待が大きく，結果ばかりに目が行き，目の前の子ども達がどう感じているのか，どんなふうに思っているのかが横に置かれているように思います。どんどん大人と子ども達の心の隙間が大きくなっているのです。

　安心していられる場所というのは，ネガティブな感情を出しても受け止めてもらえる場所です。それは，教師に対してかもしれませんし，スクー

ルカウンセラーに対してかもしれません。学校という場所，カウンセリングルームという場所かもしれません。しかし，やはり一番安心できる場所は，家族がいる場所ではないでしょうか。

　ある時，一人の母親が，「うちの子どもは全く反抗したり泣いたりすることはなかったです。とても楽でした」と話してくれました。

　小さい子どもは語彙も少ないので，泣くことで自分の不快感情を訴えます。泣くことでサインを出しています。どんな子どもでも不快感情が起こらないことはありません。せっかく泣くことでサインを出しているのに，受け止めてもらえなかったら，「泣いてもダメなんだ」という無力感を抱くようになります。

　泣いても受け止めてもらえないとわかると，自分の中にその感情をしまっておくしかありません。そうしないと生きていけないからです。全身全霊で泣いても，そのサインを理解してくれない，受け止めてもらえない環境に育った子どもが少なくありません。その環境は，子どもにとって安心・安全の場ではありません。

　とても言いにくいことですが，教師や親の中にも子どものサインに気づかない方がいます。大きな問題を起こしているわけではないからと心配してもらえない子どももいます。このような環境の中にいると，子どもは自分の感情を解離させ，心にふたをして成長していきます。

　もっと大人自身が自分の感情に気づかないと，子ども達が送る心のサインを見逃してしまいます。

2．大人が感情の言葉を増やそう！

　もう3年前くらいですが，アンガーマネジメントの教員研修を行いました。そこで，「感情の言葉をできるだけたくさん書いてください」というワークを行いました。おそらく小学校の若い教師だったと思いますが，感情の言葉を4個くらいしか書いていませんでした。

　私は，とてもショックを受けました。もし，子どもが困っている様子を見たら，どんなふうに感じ取るのだろうか。どんな言葉かけをするのだろうか。イライラしている子どもを目の前にどんなふうに対応するのだろう

か。子どもの感情を理解するかかわりは大丈夫だろうかと，一気にいろいろな不安と心配が湧き起こりました。

研修が終わった時，私は思わず，「皆さん，これから子どもとかかわる時，いろいろなことが起こりますが，その時々の子どもの感情を大事に，対応してください。そのためには，私達大人が感情の言葉をたくさん増やしていってください」と，全員に伝えなくてはと思い発言しました。

感情は，1＋1＝2のようになりません。さまざまな感情が付随してきます。子ども達が「怒りの温度計」で自分の怒りを表す時，「私の怒りは50.3度です」と言ったりすることもあります。50度より0.3度高い怒りに割り切れなさを表現しているのかもしれません。感情はそれでいいのです。「0.3度はどんな怒りがあるのかな？」と大人が感じたり，問いかけたりすればそれでいいのです。感情には正解はありません。大人がそのような微妙な感覚を感じ取れることが大事なのだと思います。

3．教師同士の人間関係に生かすアンガーマネジメント

アンガーマネジメントは職場の人間関係にもとても役に立ちます。また，現在は，パワーハラスメント防止のためにアンガーマネジメントやアサーティブコミュニケーションが厚生労働省から推奨されています（厚生労働省，2016）。

たくさんの企業でパワーハラスメント（以下パワハラ）の研修が行われていますが，パワハラの研修の中にアンガーマネジメントが組み込まれています。パワハラは，企業だけでなくどの職場でもありうることです。学校現場でもパワハラを経験する人は多いのではないでしょうか。

また，職場の人間関係で，例えば，こちらの状況を考えないで仕事をふってくるので一気に仕事量が増えてイライラする。何でこんなことを言われなくてはならないのかとイライラする。人ごとのように見てみぬふりをする同僚にイライラする。学校現場では，仕事量が多く，ゆとりをもって児童生徒に対応できない，自分のクラスの生徒が問題行動を起こした時の同僚の厳しい評価へのイライラや焦りなど，たくさんの怒りの場面があることでしょう。そんな時，アンガーマネジメントを知っているのと知らな

いのでは，怒りの感情への対処が全く違うと思います。

例えば，「こちらの状況を考えないで仕事をふってくる」という場面。

① とっさにどんな言葉が頭に浮かびますか？ →「何でこっちの状況も考えないでふるかなぁ」。
② この時の感情は？ →イライラする。
③ 身体反応 →胸がドキドキして頭がカーッとなる。
④ どんな行動？ →そっけない返事をする。

こんな一連の思考や反応が自分の中に起こります。このような時は，まずは10秒呼吸法で気持ちを落ち着かせましょう。セルフトークで「落ち着け」と自分に言い聞かせてもよいでしょう。そして，怒りの感情の裏側の感情，つまり怒りの正体である感情は何だろうかと考えてみてください。あまりにも仕事量が多くなり，自分にはできるのかと不安があるかもしれません。また，仕事量に圧倒されて焦りがあるかもしれません。このように冷静に自分の怒りを見つめられるようになるのがアンガーマネジメントです。

怒りの感情の正体（不安や焦りなど）を知ったら，その気持ちを率直に相手に伝えてください。その時に使うのがアサーティブコミュニケーションです。例えば2章で学んだDESC法を使ってこんなふうに伝えます。

① とても言いにくいのですが，今，自分の仕事を金曜日までに仕上げて，レポートを書かなくてはならない状況なので，この仕事をやれるかどうか……。（D：事実を伝える）
② とても不安です。（E：気持ちを伝える）
③ 他の人に頼んでいただくことは可能でしょうか。（S：伝えたいことを明確にする）：
④ 相手が他の人に頼むと言ったら→ありがとうございます。よろしくお願いします。

相手がどうしてもあなたにお願いしたいと頼んできたら→「先ほどお

伝えしたように，金曜日までにこの仕事が終わるので，その後でも大丈夫でしょうか」と伝えます。（C：Yes か No の時の返答を準備する）

このように，たとえ怒りの感情が起こったとしても，怒りの裏側にある感情を相手に冷静に伝えることで，問題解決をしていくことができます。他の場面でも，怒りの感情が起こった場合，まず心身を落ち着かせること，そして怒りの感情の裏側にどのような感情があるのかを知り，それを相手に伝えていくようにしてください。

上記の流れで対処することで,怒りの感情で興奮していた脳も落ち着き,冷静な対応ができます。チャレンジしてみてください。

4．教師やスクールカウンセラーのメンタルヘルスに生かすアンガーマネジメント

現在，パワハラ研修と並んで注目されているのが，メンタルヘルスの研修会です。そこでもアンガーマネジメントは注目されています。メンタルバランスが崩れるとうつ病などの精神疾患を引き起こす場合もあります。また,怒りの感情と不安障害との相関関係は高いと言われています（Sonya et al., 2012）。怒りの感情を抱えていると不安障害にもなる可能性があるということです。そして，身体疾患も出てきます。怒りの感情に上手く対処できないと心身ともにさまざまな支障が出てくるのです。

教師もカウンセラーも感情労働を課せられる職種です。自分の感情が高ぶっていても，落ち着いて，時には笑顔で相手に接しなければなりません。対応する相手によっては，ネガティブな感情も起こります。自分でもイライラしているのがわかり，その感情を抑えようとすると，かえって緊張した表情になり，適切な対応ができない場合もあります。そして，そのネガティブな感情を抑えることが多くなると，やがて心も身体も疲労困憊してしまいます。

少しでもストレスになる出来事を減らし，物事への考え方を緩めたり変えたりすることで，ストレスを軽減することが必要です。アンガーマネジメントを身に付けていると，ストレス状態が今よりも少なくなります。怒

りの感情だけでなく，その他のネガティブな感情にも気づきやすくなり，何に対してこの感情は起こったのかを冷静，かつ客観的に見ることができるようになります。それによって，揺れ動く心も安定してきます。そのために，教師がアンガーマネジメントを学ぶ機会を校内研修に取り入れることは，教師の心身の健康を維持するためにも重要です。

❖ 親理解に生かすアンガーマネジメント

親は，「自分の子育てが我が子に悪い影響を与えていないか」「小学1年生なのに『死にたい』と言っているがどう対応したらいいのか」「みんなは学校へ一人で行けるのに，うちの子どもは教室までついて行かないと学校へ行かないと言う」「いつもお腹が痛い，学校へ行きたくないと言っている」など，子どもをどう理解したらよいか，どう対応したらよいか悩みカウンセリングルームに来室します。

確かに相談内容は子どものことなのですが，お話を聴いていくと，自分自身の問題を話す方も多いです。親がご自身の問題を話してくれることは，とても良いことだと思います。子どもの問題や心配ごとに，親の抱えている問題が大きく影響している場合も少なくないからです。

母親自身が自分の存在を受け入れられず，子どもを受け入れるのが困難な事例。それは，母親が自分の母親との関係で否定され続けていたことの結果として，自分の子どもとの関係に現れてきます。また，自分の両親との関係を見て，自分は同じような結婚生活を送りたくない，完璧な家族を作ろうと頑張っているのに，自分の理想通りにならない我が子が許せない。我が子が自分の人生を脅かす存在に思え，受け入れられない親。怒りが子どもに向かい，このままでは，虐待になってしまうと心配して来室する親など，本当にさまざまな悩みを抱えて来室します。

このような中には，母親がアンガーマネジメントを取り入れたカウンセリングを継続して，自分の怒りの感情がどこから来るのかを深く見つめ，自分の傷ついた経験を受け止め，親子関係を修復したケースもあります。また，自分をがんじがらめにしていたしがらみを放ち，心穏やかに子育てをしているケースなどさまざまなケースがあります。

第5章 大人が変われば子どもも変わる

　ネガティブな感情を出してはいけないと，ずっと心の奥にしまい込んで今まで生きてきたことを語ってくださる親はたくさんいます。そのような自分に気づいた時，親自身が一歩を踏みだすことができるのです。

　子どもが心身ともに健やかに成長するためには，親を支援することが必須です。そして，カウンセリングの場で親自身がたくさんネガティブな感情を出すことができ，それをカウンセラーに受け止めてもらえる経験を積み重ねた時，我が子のネガティブな感情に向き合うことができるようになると実感します。そうなると，子どもも親の表情の変化に気づき，安心して少しずつ自分のネガティブな感情を出せるようになっていきます。

❖ スクールカウンセラーができること

　スクールカウンセラーは，親が子どものネガティブな感情を察し，子どもの感情を丸ごと受け止められるように，親を支援していくことが大切な役割です。

　親自身，ネガティブな感情を表して成長してこなかったために，子どもにネガティブな感情の言葉を伝えることは悪いことであると思っている人もいます。そのような場合，「例えば，お子さんの元気がない様子を見たら，『元気がないねぇ。何か学校であった？　いやなことがあったかな？』と聞いてみてください」と伝えます。すると，「えっ，いいのですか？　マイナスの言葉，つまり元気がないねぇとか，を伝えていいんですか」と質問する方もいます。

　親と子どもの関係修復のために大事なことは何かを伝えます。つまり，子どもが親にネガティブな感情を伝えられるということです，と。それを子どもとの関係の中で実践してもらいます。そのような積み重ねをしていくと，子どもは学校であったいやな出来事を笑顔ではなく，辛い表情で話すことができるようになります。つまり感情と表情が一致していきます。そして，その辛さなどのネガティブな感情に親が共感できるようになると，子どもも安心して自分の感情を話すようになります。そうして親子のコミュニケーションが回復し，子どもの感情の育ちが保証される関係性が生み出されてくると大可原（2003b）は述べています。

135

スクールカウンセラーである私は，多くの親と接する時，いつも国府台病院の三島先生の言葉を心に置いて話を聴きます。それは「この私でよければ，ぜひ聴かせてください」（三島，2014）という言葉です。

相手の話を聴くためには，「自分の呼吸が落ち着いていること」「相手の呼吸に合わせられること」が大切だと言っています。つまり，人の話を聴くために，自分の心を整えるアンガーマネジメントが有効であると，私は考えています。

親の話を聴くのはスクールカウンセラーだけではありません。教師は，スクールカウンセラー以上に親の話を聴く時間が多いです。親から信頼されている教師を見ると，親の気持ちによく耳を傾けているのです。すぐに子どもの問題行動や親にこうしてほしいという要求のみを伝えられると，親は教師に対して，「何もわからないのに……」という不信感やもやもやした気持ちが残ってしまいます。次に連絡をすると電話に出ないか，「学校へ来てください」と言っても，また何か言われるのではないかと防衛反応が出て，「予定が立たない」など何か理由をつけて来校しなくなります。

教師，親やスクールカウンセラーが一緒に子どものことを考えていく場合，まずは，教師やスクールカウンセラーが親の怒り，苦しさ，辛さ，困り感，不安，焦燥感などネガティブな感情を聴く心のゆとりが必要だと思います。親の気持ちに耳を傾けないで，すぐに本題に入ってしまうと，親の感情が置き去りにされた感じになってしまいます。

親の感情を受け止められるかどうかは，教師やスクールカウンセラーがどれくらい自分自身の感情に向き合っているかにかかっているのではないかと思います。アンガーマネジメントで，自分の心の奥を見つめていくと，とても気持ちが楽になります。聴く側に少しでも心のゆとりができると，親の気持ちを推測しながら話を傾聴できるようになります。

❖「しつけ」という名の虐待

学校現場で今までお会いした親から，「ほめると調子に乗るので，めったなことではほめないようにしています。それでいいのですよね」「ネガティブな感情をいちいち受け止めていたら，精神的に強い子にならないの

で，ネガティブな感情を出してもスルーします」という内容の話を聞くことがあります。

子ども達からもこんな言葉を聞きます。「僕のお父さんは，僕を立派な人にするために，勉強をしろというんだ。でも，眠くなると頭を叩いたり，身体を蹴ったりする。本当はね，僕逃げたいよ。でも強い立派な人にするために殴るんだよって言うんだよ」このような言葉を親や子どもからも聞きますが，私は本当に胸が張り裂けるように苦しく，そして悲しくなります。「しつけ」って一体なんでしょうか。

大河原（2004）は，「しつけ」は子どもを守るためにあると述べています。しかし，昨今の虐待事件に見られるように「しつけ」と称して，何も抵抗できない幼い子どもに，自分ではコントロールできない怒りの感情をぶつけ，その場その場での自分の感情を解消している大人が増えています。子どもの心はどんどん蝕まれていきます。これを「しつけ」と言えるでしょうか。

また，「叱る」と「怒る」をイコールととらえている大人も少なくありません。時には，子どもを叱ることもあるでしょう。「叱る」とは，相手（ここでは子ども）の気持ちを受け止めた上で，相手が変わることを期待して一緒に問題解決をしていくことです。「叱る」行為の基盤には愛情があります。しかし，「怒る」は，感情的になって相手に怒りの感情をぶつけることです。怒りの感情が起こるのは自然なことです。それをそのまま感情的になって相手に向けると，その時はスッキリするかもしれませんが，相手は不満が残るだけなのです。なんの解決にもなりません。ただ感情的に怒りをぶつけられた子どもは，心豊かに成長しません。子どもの心の中には恐怖しか残りませんし，問題解決しようとする力も育っていきません。

いやな出来事があった時，あるいは自分が失敗をしてしまった時など，「おまえがしっかりしないから，こんなことになるんだ」。このように言われたら，子どもは心を閉ざして言わなくなります。「そんないやなことがあったんだね。それは辛かったね。今度はどうしたらいいと思う？　何ができるかなぁ？」とネガティブな感情を受け止めてもらえたら，「次は頑張ろう」「失敗しないためにどうしたらよいかな……」と考えられ，問題解決す

る力や生きる力を育むことができるのです。これこそが「しつけ」ではないでしょうか。

5．ネガティブな感情はお互いを理解するチャンス

　子どもがネガティブな感情を言ってきた時が，「チャンスですよ」といつも大人に伝えています。子どもと向き合う時，どうしてもポジティブな感情の方が話題にしやすいので，大人はポジティブな感情には反応がよいのですが，ネガティブな感情を子どもが言ってきたらどうしたらよいのか，どんな反応をしたらよいのか悩む大人も多いです。

　小さい子どもが転んだ時，その子どもは泣きます。自然な反応です。身体中に「痛い」「やだー」などの不快なエネルギーがいっぱいになります。その時に，ある母親は「それくらいで泣くんじゃない！　痛くない，痛くない！」と子どもに言葉をかけます。しかし，子どもの身体は「痛い」のです。それなのに，子ども自身が感じている身体の感覚を否定されてしまうのです。おまけに痛さのあまり，泣くことすらも「泣くんじゃない！」と言われ，我慢します。この子の身体の感覚，その時の泣くくらい辛く痛い体験はどこに行ってしまうのでしょうか。小さいながらも，それらの感情や身体感覚は，その子の中に葬られてしまいます。

　反対に，転んで泣いて，どうしようもないネガティブなエネルギーを外に出して，受け止めてもらえたらどうでしょうか。「転んで，ここをけがしちゃったね。痛かったね」と身体（脚）をさすってもらったらどうでしょうか。子どもは安心します。母親にこの辛い気持ちを受け止めてもらえたと思えます。そして，その後，この子どもは気持ちの切り替え言葉を母親からかけてもらいます。「痛いの痛いの遠くお山に飛んでいけー」。このような親子の会話の中で子どもは受け止めてもらえた経験を通して，問題解決（辛い時や苦しい時はどうしたらよいのか）の一端を学んでいくのです。先の「泣くんじゃない！」と言われた子どもと，「痛かったね」と言ってもらった子どもの心の豊かさの違いを想像してみてほしいと思います。

　ネガティブな出来事や感情はマイナスではありません。かえって相手の気持ちを知るチャンス，そして自分の気持ちを伝えるチャンス，何かを一

緒に考えるチャンスだと思っています。

❖ 小学3年生B君への対応と変化

　小学3年生のB君の家庭でも，両親が今までの対応を振り返り，ネガティブな言葉を受け止めることが多くなったことを母親が話してくれました。母親のカウンセリングでは，なかなか感情の言葉が出ませんでした。感情の言葉が増えてきた時ですら，その言葉を我が子にかけることをためらっていました。

　B君は，常に自分の感情を伝えることができないため，怒りの感情でいっぱいでした。カウンセリングルームで絵を描く時はきまってグロテスクな場面を描き，「死ね，死ね」の言葉だけを書いていました。B君の精一杯の表現でした。

　「怒りの温度計」は毎回2,000度でした。それくらい，言葉に出せない怒りの感情を抱えていました。私からは「こんなにイライラの温度が高いんだね。苦しいねぇ」という言葉かけをすることが多かったです。それでも，毎回カウンセリングルームに来室するB君に変化が少しずつ出てきました。それは，「イライラは2,000度」「俺のことなんて誰もわかってくれない」「クラスへ行くとみんなが俺のことをからかう……」など，怒りの感情が喚起されるたくさんの出来事を話すようになったのです。今まで，B君自身の中では，「自分の話を受け止めてもらえた」と実感することはほとんどありませんでした。もちろん両親も教師もB君を受け止めようとしていたと思います。しかし，B君が望んでいた対応ではありませんでした。

　B君は自分の怒りの感情を伝えたかったし，苦しさをわかってほしかったのだと理解し，毎回がB君の怒りエピソードを聴く時間になりました。しかし，怒りの感情を出しただけでは，かえって収拾がつかなくなる場合もあります。さまざまな出来事が思い出されて，落ち着かなくなります。そのため，アンガーマネジメントのカウンセリングを取り入れていきました。すると，半年以上経った頃から，自分のポジティブな側面も語るようになりました。

　母親のカウンセリングも定期的に行い，B君の言動などを母親と振り返

り，どのような対応や言葉かけがB君に有効か話し合ってきました。並行して，必ず母親の感情にも焦点を当てました。母親が感情の言葉をかける回数が多くなってきた頃から，B君に変化が出てきました。今までは，少しのことで暴れたり，なかなか怒りの感情が収まらず，ずっと引きずっていたけれど，怒りの感情を弱めたり，イライラしている時間が短くなったり，自分で気持ちを言葉で伝えるようになったと母親が話してくれました。

　子どものイライラが収まったらそれでおしまいではなく，どうしたかったのか，誰にどうしてほしかったのか，そのためには何ができるかなどを一緒に考える時間も増えてきました。このような対応をしていったことで，ずいぶん気持ちの切り替えが早くなり，今ではこんなふうに言えるようになりました。「イライラすること……あるに決まっているでしょう。でも，何とか僕，大丈夫だよ」と。

　また，ネガティブな感情を受け止めてもらうことが多くなった頃から，怒りの感情だけではない「わくわく」「幸せ」「うれしい」などのポジティブな言葉も出てくるようになりました。

　大人が変わると，本当に子どもも変わる！と思ったケースでした。

第6章

学校教育にアンガーマネジメントを！

　学校現場で子ども達にどのような授業があったらよいか，とよく考えてきました。私は，臨床心理士になる前に，企業で働き，その後，先にも述べましたが10年間くらい，子ども達と身体表現による演劇を創ってきました。身体全体で表現する場が今，学校教育の中ではあまりないと感じています。全くないというのではありませんが，もっと感情を身体で表現する時間や言葉で表現する時間があったらよいと思っています。

　身体表現による演劇の場では，「良い自分」も時には「悪い自分」も表現できました。いつも「良い自分」を外では出していても，演劇をする時，「こんな自分も本当はいるんだ」と言わんばかりに「悪い自分」を生き生きと演じている子ども達がいました。自分の中にはこんな二つの自分がいてOKなんだ，と思える時間と空間があったのです。そして，それが当たり前という空気が流れていました。私が主宰する演劇はそういう場でした。演劇を通して，自分の身体に向き合い，また，他者を演じることで他者視点に立つことができます。

　しかし，学校教育の中で「他者への思いやり」という言葉を多く聞くのですが，何か違和感をもつことがあります。子ども達が身体で「思いやり」ということを理解しているだろうか，と思うのです。言葉では「思いやり」という言葉は聞いたことがあるし，どのようなことかもわかるでしょう。「思いやり」は確かに良いことです。しかし，先にも述べましたが，「『思いやり』って一体どういうことなの？　俺にはわからない！　だって，思い

141

やりって受けたことないからさ」という生徒もいました。

　常に「頑張ることが良いこと」「弱音を吐かず乗り越えることが良いこと」「困った人がいたら助けることが良いこと」——ここに書かれていることは，確かに良いことです。しかし，反対に子ども達は，「頑張れない自分はダメなんだ」「弱音を吐いたらいけなんだ」「困っている人を助けることが良いこととわかっているけれど，私もすごく困っているの……」そんな言葉を子ども達は率直に言ってくれます。

　「頑張れない自分が今いるんだよね。それでいいよ」「弱音を吐かずやれたらいいけれど，今，疲れているんだよね」「人を助けることは頭では良いと思っても，人を助けるエネルギーすら，今の君にはないくらい苦しいんだよね」こんな言葉が出てきても OK な授業はないだろうか，と考えます。ポジティブな感情もネガティブな感情も出せる時間と空間を保証してくれる授業が「心を育てる授業」になっていくのではないかと考えています。

　自分の「頑張れない」「苦しい」気持ちを受け止めてもらえたら，自分と同じような状態や状況の中にいる人に声をかけ，助けてあげることができるのではないでしょうか。それが本物の「思いやり」だと私は思います。自分のネガティブな感情を受け止めてもらえたら，元気になり他者を受け止め助けようとする思いやりの心が育つのです。それが「心の教育」だと考えています。

1．心の教育にアンガーマネジメントを導入

　私は，アンガーマネジメント授業を小学校，中学校に取り入れたいと考え，普及活動をしてきました。

　大方の子どもが怒りの感情は「悪い感情」「怒ることは悪いこと」と考えています。アンガーマネジメントでは，怒りの感情以外のネガティブな感情も学んでいきます。もちろん，ポジティブな感情についても学び，どの感情もみんながもっている感情で，イライラすることがあってもいいんだ，どんな感情もみんな OK ということを学びます。

　このように両方の感情，つまりポジティブな感情もネガティブな感情も，一人の人間の中にあることを学ぶことを通して，人それぞれ感情も考えも

第6章　学校教育にアンガーマネジメントを！

違うこと，違ってよいという経験をしていきます。そして，「怒りの感情は
あなたにいやなことが起こっていることを知らせてくれるサインです」と
伝えています。

　怒りの感情を「悪い感情」として抑え込んでしまうのではなく，怒りの
感情のレベルを下げて，その感情を抱えながらも，適切な方法で相手に自
分の感情や考えを伝え，より良い人間関係を築くのがアンガーマネジメン
トなのです。このような学びの場を学校で作ってほしいと心より願ってい
ます。

2．いろいろな学習時間に取り入れる

　学校現場で年5回のアンガーマネジメント授業を実施してくれることを
願っています。学活や総合の時間で取り上げることもできます。一日の始
まりと終わりの学活で，自分の気持ちを毎日チェックすることで，自分の
感情を意識できるようになります。意識できるようになれば，ネガティブ
な感情が起こっている時の対処法を自分で実践できるようになります。

　また，授業が始まる前にストレスマネジメントを実施してみることもで
きます。アンガーマネジメントを学んだ教師やスクールカウンセラーが，
教室やカウンセリングルームに，「**怒りの温度計**」を貼っておくのもよいで
しょう。児童生徒は，「私（僕）のイライラは50度だ」と心の中でつぶや
いているかもしれません。それだけでも，感情をコントロールする機能を
もった前頭葉が働いているので，少しでも冷静になることができます。

　教師も，教室で児童生徒の言動にイライラした時に，「**怒りの温度計**」を
見て，「私（僕）の怒り，80度，危ないな……」と冷静に自分の怒りの感
情をチェックすることができます。

　この本の中で書いたことはいろいろな場面で活用できます。**10秒呼吸法**
を毎日授業前に実践することで，脳に酸素が行き学習がはかどるかもしれ
ません。**10秒呼吸法**を続けていくことで，集中力がアップし，衝動性も軽
減されます。いろいろな技法をクラスの中やカウンセリングの中で試して
ほしいと思います。

143

3．特別支援に生かせるアンガーマネジメント

　アンガーマネジメントを学んだ特別支援の教師は，毎朝，「今の気持ちをチェック！」（p.105）を行っています。子ども達は，朝登校した時の自分の気持ちに合う表情スタンプを押します。今まで，気持ちについて意識を向けることがなかった子ども達が，自分の気持ちを大切に扱う時間となっています。そして，帰る時も自分の気持ちをチェックして帰ります。教師も，登校した時の子ども達の「今の気持ちをチェック！」を見て，何かあったかを把握でき，子どもとの会話のきっかけになると話してくれました。

　授業でも「気持ちの勉強」という時間を設けています。どのような出来事が起こった時，どんな気持ちになるかを子ども達は日常生活の中で，意識を向けていきます。すると，今まで，感情に任せて行動していた子ども達が，相手の表情を読み取り，「今はそっとしておいたほうがいいね」「○○君は，今とても怒っているから，話しかけないほうがいいかもしれない」など，他者の表情を読み取り，今自分は何をすべきかを考えられるようになったと，教師が話してくれました。

　教室の後ろのボードには「怒りの温度計」や「心の救急箱」を大きく描いて貼ってあります。それをいつも見ることで，子ども達は怒りの感情が起こった時に，自分の怒りは今どのレベルにいるのか，そのレベルだとどのような対処をしたらよいのかもわかるようになりました。ストレスマネジメントが必要な時は，自分で判断し，先生に許可を取りに行き，クールダウンをするそうです。いつもスムーズにいくとは限りませんが，教師も子ども達もアンガーマネジメントに関する共通言語をもっていることで，相互理解も促進されます。「僕は今，イライラ70度！　だから，顔を洗ってきていいですか？」と。学校生活のさまざまな場面で使えます。

❖アンガーマネジメントの授業を受けた子ども達の感想
　本書の最後に，今までにアンガーマネジメントの授業を受けた生徒が書いてくれた感想をいくつかご紹介します。

第6章　学校教育にアンガーマネジメントを！

①　怒りの気持ちをもってしまうのはしかたないことだから，そこからどうするかが大切だなと思いました。怒りの気持ちは，誰も笑顔にすることができない気持ちなので，できるだけ小さくするように行動したいと思いました。また，できるだけ，怒りの気持ちをもたないように，心に余裕をもってすごしたいです。習ったことを生かしたいです。(中1)

②　社会人になった時，会社の人間関係に役に立つと思う。また，自分が母親になった時も子育てに役に立つと思った。(中3)

③　自分の気持ちのみを相手や物にぶつけるのではなく，相手にきちんと事実，要求そして気持ちを伝えるということが大切だと思った。でも，何より，自分が感情だけで動いていないか，怒りやすい考えをしてないかを考えた上で，理性で感情をコントロールしていくことが大事だと思った。(中2)

④　アンガーマネジメントの授業では普段起こりうることに対して，他の人の意見を聞くことができた。この人はこんなふうに思うのかとか，私ならこう思うとか。人それぞれの考え方をよく知ることができた。それでも自分とは違う人の考え方が理解できないこともあると思うから，それを理解しつつ，人と会話ができるようになればいいな，と思った。(中2)

⑤　お父さんがすぐ怒るので，より怒りをコントロールする重要性がよくわかった。また，相手も気持ちが良いように話すことで，みんなで学校生活をより充実させることができると思った。(中1)

　生徒たちの中には，活発に意見を言う生徒もいれば，あまり発言しない生徒もいます。しかし，感想文にあるように，誰にでも起こりうる出来事をみんなで共有し，人それぞれの意見を聞くことで，また考え方の幅も広がっていくことがわかります。

　このように自分の気持ちや考えを安心して言える授業を取り入れることが，喫緊の課題であると考えます。子ども達は，自分の感情をどう扱ったらよいのか困っています。個人カウンセリングのように，一人ひとりの感情に触れることは難しいかもしれませんが，「みんなも同じように感じ，考

145

えるんだな。自分一人じゃないんだな」「同じことでも，人それぞれ違った気持ちになるんだな。思い込みで考えてはいけないんだ」など，自分の感情に向き合う授業があったら，子ども達はどんなに心が楽になるかと，感想文を読んで考えずにはいられませんでした。

　アンガーマネジメントを学んだ生徒達は，自分の今や将来を考えるようになります。将来，人間関係で何か問題が起きた時，アンガーマネジメントが役に立つと推測できるだけでも，すごい力がついたと思います。子ども達が自分の感情に向き合い，自分の感情を大切にし，それが他者の感情を大切にすることにつながり，幅広い考えを持てたら，心豊かに成長すると思います。
　このような理由からもアンガーマネジメントを授業で取り入れる意義は大きいと考えています。

おわりに

　アンガーマネジメントは，すでに 40 年前からアメリカで実践されてきました。当初は，精神療法を受けている人や援助職の人達を対象に始まりましたが，その後司法，医療，ビジネス，スポーツ，教育，カウンセリングなどの領域で発展してきました。現在は，たくさんの国で実践されています。

　この数年間で，「アンガーマネジメント」という言葉を日本でも聞くことが多くなりました。子ども達に聞いても，大人に聞いても怒りの感情は，悪い感情というイメージでした。しかし，怒りの感情ほど，私達に何かを訴えてくる感情はないと私は思っています。

　「怒りを表してくれたことで，ようやく息子の気持ちを理解することができた」と話してくれた母親がいました。いつ，どこに地雷があるかわからないパートナーの怒りに翻弄される妻は，自分の感情に向き合うアンガーマネジメントを学びました。そのことで，初めてパートナーの怒りが意味していることが分かりました。どれだけ彼が傷つきを経験してきたかを理解することができました。

　自分の怒りの感情に振り回され，苦しみ，他者を傷つけ，自分を傷つけ，さらに生きづらさを抱え生きている人達にどれくらい接してきたでしょうか。怒りの感情なんて二度と見たくない，感じたくないと言って，心の扉を硬く閉めてきた人達です。心の扉を少し開けて，扉の向こうを少しずつ見ることができるようになったら，どんなに楽でしょうか。

　心の扉を開けることは，簡単なことではありません。心の扉を開けたら，どのような感情が噴き出すか……不安，悲しみ，絶望感，孤独感，劣等感……それらを見たくないから，心の扉を閉めてきたのです。その心の扉の奥にしまい込んだ感情を一つひとつ大切に扱っていくのが，私の伝えたいアンガーマネジメントです。

　「いろいろな経験をして，もう大人になってしまった。今から自分を変え

られない……」そう思うのも無理のないことかもしれません。でも，私は
伝えます。「あなたが変わりたいと思ったら変われますよ。だって，感情は
あなたのものだから。あなたが自分で，舵をとって，自分が生きやすいよ
うに人生の方向転換をしたらいいのではないですか」と。

　自分に向き合い変わっていった人はたくさんいます。ある人は，「怒り
がなくなったわけではないけれど，自分の怒りや相手の怒りに巻き込まれ
ず，怒りを小さくして，その怒りを抱えながらも生きられるようになりま
した」と話してくれました。

　また，ある人は，「怒りはなくなるわけじゃないけれど，その都度，大切
なメッセージを送ってくれるんだよね。怒りの感情が起こったら，自分を
守ってくれる感情が発動した！　そんなふうに思ったら楽かな。そして，
冷静になって相手に自分の気持ちを伝えたらいいんだ，そう思えるように
なりました」などさまざまな経験を語ってくれます。

　自分の感情に向き合って，自分を理解する，相手を理解する，お互いを
理解するってどういうことかを大切に考える人達とともに，子ども達にア
ンガーマネジメントを伝え続けていきたいと考えています。

　元気な子ども達もたくさんいます。一方では，心の叫びを聴いてほしい，
と身体を張って伝えている子ども達もたくさんいます。その叫びに一人で
も多くの大人が耳を傾け，子どもを受け止める世の中になってほしいです。

　大人が変われば子どもは変わります。みんながもっている感情を大切に
していく世の中になったら，いじめ，暴力，暴言，不登校，引きこもり，
自傷行為，自殺は減っていくのではないでしょうか。

　アンガーマネジメントで全てが解決できるわけではありません。しかし，
感情を大切に扱うアンガーマネジメントが学校教育に導入されたら，きっ
と子ども達は，自分の感情に意識を向けることができるようになります。
そして，相手のことも考えられるようになるでしょう。

　アンガーマネジメントの授業が導入された当時，授業はパワーポイント
で行われました。そのため，ワークシートくらいしか生徒の手元に残るも
のがありませんでした。

おわりに

　ある大規模の中学校に赴任し，アンガーマネジメントが授業に取り入れることになった時，当たり前のようにプロジェクターを使いパワーポイントで授業が行われるものだと思っていました。しかし，大規模校ゆえに，各クラスにプロジェクターとスクリーンを各一台用意することはできませんでした。

　そこで，「学校にアンガーマネジメントを普及させるには，テキストがいる！」と思い今までの経験をもとに，中学１年，２年，３年用のテキストを作成しました。教師は，そのテキストを基に，私の模擬授業を受け，次の授業の準備をしていきました。

　パワーポイントに慣れていた私は当初，テキストを作るなんて「大変だな」と思いました。しかし，「ピンチはチャンスに変えて，テキストを作ろう！」と考え方を変えて，仲間とともに作成しました。

　今回，テキストを改訂しわかりやすいテキストになりました。将来，子ども達が社会人となり，また親となった時，アンガーマネジメントのテキストを開いて，自分の感情に向き合ってくれる時があるかもしれません。だからこそ，「手元に残るものを作ろう」と思い，テキストの改善と作成に踏み切りました。

　一人でも多くの子ども達がアンガーマネジメントを学び，感情を大切に扱う大人に成長することを願っています。そして，大人になった時に，あるいは親になった時に次の世代にアンガーマネジメントを伝えていってほしいと心より願っています。

　この本を手に取ってくださった皆さまが，「この世に生まれてよかった」と子ども達が思えるために，一緒にアンガーマネジメントを伝えてくださいましたら，この上ない喜びです。

　最後に，本書の企画を考えてくださったうえに，完成まで長きにわたり根気強く待ち続けてくださった遠見書房の山内俊介氏，そして，私の未熟な筆力が生かされるよう丁寧なアドバイスをくださった編集者の駒形大介氏に心より感謝申し上げます。

　　　　　　　　　　　　　　　　　　　　　　　　佐藤　恵子

文献一覧

Beck, R. & Fernandez, E.(1998)Cognitive-behavioral Therapy in the Treatment of Anger: A Meta-analysis. *Cognitive Therapy and Research*, 22; pp.63-74.

Benson, K.（2016）The Anger Iceberg. https://www.gottman.com/blog/the-anger-Iceberg/　The Gottman Institute.［2016年12月3日アクセス］

Feindler, E. & Engel, E. C.(2011)Assessment and Intervention for Adolescents with Anger and Aggression Difficulties in School Settings. *Psychology in the Schools*, 48; 243-253.

Fitzell, S. G.（2007）*Transforming anger to personal power*. Research Press.

Gordon, T.（1995）Good Relationships: What Makes Them, What Breaks Them.（近藤千恵訳（2002）ゴードン博士の人間関係をよくする本―自分を活かす相手を活かす. 大和書房.）

速水敏彦・丹羽智美（2002）子どもたちの感情はどのように変化したか―教師の目からみた特徴. 名古屋大学大学院教育発達科学研究科紀要 心理発達科学, 49; 197-206.

平木典子（2015）アサーションの心―自分も相手も大切にするコミュニケーション. 朝日新聞出版.

平松千枝子（2002）自立と暴力. In：村松励編著：暴力をふるう子―そのメッセージの理解と指導技法. 学事出版, pp.70-76.

稲田尚子・佐藤恵子・下田芳幸・寺坂明子・山村容子（2017）怒りやわらかステップ―自分の気持ちと上手に付き合うためのアンガーマネジメント. 怒りやわらか作成委員会.

井澤修平・依田麻子・児玉昌久（2002）誘発された怒りに対する呼吸法の効果. 健康心理学研究, 15; 21-28.

Jabr, F.（2014）Speak for Yourself. *Scientific American Mind*, 25; 45-51.

Kassinove, H. & Tafrate, R.(2002)*Anger Management: The Complete Treatment Guidebook for Practitioners*. Impact Publishers.

柿木隆介（2017）人の怒りの脳科学. 体育の科学, 67; 525-529.

加藤俊徳監修（2014）一番よくわかる！脳のしくみ. メイツ出版.

木村陽介（2002）怒りに秘められたメッセージ. In：村松励編著：暴力をふるう子―そのメッセージの理解と指導技法. 学事出版, pp.40-45.

今野義孝（2005）とけあい動作法―心と身体のつながりを求めて. 学苑社.

今野義孝（2011）懐かしさ出会い療法―動作法による懐かしさの活性化をめざした回想法. 学苑社.

厚生労働省（2016）パワーハラスメント対策導入マニュアル（第2版）.

文献一覧

子安増生・田村綾菜・溝川藍（2007）感情の成長―情動調整と表示規則の発達. In：藤田和生編：感情科学. 京都大学学術出版会，pp.143-171.

桝田恵（2014）幼児期における感情の理解と表情表現の発達. 発達心理学研究, 25; 151-161.

Meichenbaum, D.（1989）Coping with Stress.（根建金男・市井雅哉監訳（1994）ストレス対処法. 講談社）

南谷晴之（1997）疲労とストレス. バイオメカニズム学会，21; 58-64.

三島修一（2014）「傾聴」はちょっと苦手と感じている方へ―医療現場から生まれた傾聴のコツ. CDEJ News Letter, 43.

宮下敏恵・森崎竜亮（2004）怒り感情の表出制御と精神的健康及び対人不安との関係. 上越教育大学研究紀要，23; 488-499.

水谷英夫（2013）感情労働とは何か. 信山社.

文部科学省（2017）平成27年度「児童生徒の問題行動等生徒指導上の諸問題に関する調査」について. http://www.mext.go.jp/b_menu/houdou/29/02/__icsFiles/afieldfile/2017/02/28/1382696_001_1.pdf ［2017年4月10日アクセス］

村松励（2002）暴力をふるう子―そのメッセージの理解と指導技法. 学事出版, pp.14-28.

Nasir, R. & Ghani, N. A.（2014）Behavioral and Emotional Effects of Anger Expression and Anger Management Among Adolescents. *Social and Behavioral Sciences,* 140; 565-569.

日本プレイセラピー協会（2014）遊びを通した子どもの心の安心サポート―つらい体験後の未就学児（乳幼児）のためのマニュアル. 協力：日本ユニセフ協会.

西田文郎（2010）No.1メンタルトレーニング. 現代書林.

Novaco, R. W.（1976）The Functions and Regulation of the Arousal of Anger. *Am J Psychiatry,* 133; 1124-8.

Novaco, R. W.（1977a）Stress Inoculation: A Cognitive Therapy for Anger and Its Application to a Case of Depression. *Journal of Consulting and Clinical Psychology,* 45; 600-608.

Novaco, R. W.（1977b）A Stress Inoculation Approach to Anger Management in the Training of Law Enforcement Officers. *American Journal of Community Psychology,* 5; 327-346.

荻野佳代子・瀧ヶ崎隆司・稲木康一郎（2004）対人援助職における感情労働がバーンアウトおよびストレスに与える影響. 心理学研究，75; 371-377.

岡本吉生（2002）関係が傷つきを癒す. In：村松励編著：暴力をふるう子―そのメッセージの理解と指導技法. 学事出版, pp.34-39.

大河原美以（2003a）小学校における「きれる子」への理解と援助（2）22例の分析からみた「問題」のなりたち. 東京学芸大学紀要第1部門教育科学，54; 103-110.

大河原美以（2003b）小学校における「きれる子」への理解と援助（3）解離状態の子

どもへの治療援助技法. 東京学芸大学教育学部附属教育実践総合センター研究紀要, 27; 11-25.

大河原美以（2004）怒りをコントロールできない子の理解と援助—教師と親のかかわり. 金子書房.

小野寺敦子（2009）手にとるように発達心理学がわかる本. かんき出版.

小澤永治（2010）思春期における身体感覚の発達的特徴—不快情動喚起場面との関連から. 九州大学総合臨床心理研究, 2; 35-46.

酒井雄哉（2017）愛蔵版一日一生. 朝日新聞出版.

佐藤恵子（2016）怒りの裏側にあるもの—こころの扉を開けたその先に. 文芸社.

佐藤恵子（2016）アンガーマネジメント授業の導入と実践—いじめ・暴力・不登校・自殺へのアプローチ. In：村山正治・西井克泰・羽下大信編：子どもの心と学校臨床, 第 15 号, pp.112-120.

佐藤恵子（2018）先生と子どもの「怒り」をコントロールする技術. ナツメ社.

佐藤恵子・山村容子（2017）アンガーマネジメントプログラム—笑顔の毎日　自分の気持ちと上手につき合おう！. 一般社団法人アンガーマネジメントジャパン.

セネカ（兼利琢也訳, 2008）怒りについて. 岩波書店.

高木繁治監修（2010）脳のしくみ—脳の基本構造から記憶のあり方まで. 主婦の友社.

竹田伸也（2012）マイナス思考と上手につきあう認知療法トレーニング・ブック—心の柔軟体操でつらい気持ちと折り合う力をつける. 遠見書房.

竹田伸也（2017）対人援助職に効く認知行動療法ワークショップ—専門職としての力量を高める３つのチカラ. 中央法規出版.

田辺康広（2013）できるリーダーは部下の「感情」を動かす—チームを強くするエモーショナル・インテリジェンス. PHP 研究所.

Taylor, J. L. & Novaco, R. W.（2005）*Anger Treatment for People with Developmental Disabilities.* John Wiley & Sons, Ltd.

徳田完二（2007）筋弛緩法における気分変化. 立命館人間科学研究, 13; 1-7.

辻秀一（2016）さよなら, ストレス—誰にでもできる最新「ご機嫌」メソッド. 文藝春秋.

Valizadeh, S., Davaji, R. B. O. & Nikamal, M.（2010）The Effectiveness of Anger Management Skills Training on Reduction of Aggression in Adolescents. *Social and Behavioral Sciences*, 5; 1195-1199.

和田秀樹（2010）怒りの正体—精神医学からみた「怒り」の構造とその制御について. basilico.

Wilde, J.（2001）Interventions for Children with Anger Problems. *Journal of Rational-Emotive & Cognitive-Behavior Therapy*, 19; 191-197.

Wilde, J.（2002）*Anger Management in Schools: Alternatives to Student Violence.* 2nd Edition. Rowman & Littlefield Education.

さくいん

＊丸太字の項目はアンガーマネジメントに使える技法やワークです。

数字・アルファベット

６秒カウントダウン　35, 122

10秒呼吸法　36, 42, 55, 109, 122, 124, 132, 143

DESC法　72, 132

I（私）メッセージ　74

あ行

アサーティブコミュニケーション　33, 67, 70, 72, 75, 122, 125, 131

温かいタオルで首や顔を温める　39

アンガーマネジメントの目標　8, 30

アンガーマネジメントプログラム　15, 30, 31, 102

　小学生向け──　38, 108, 110

　中学生向け──　123

アンガーログ　61-63, 67, 96

安心・安全の場　53, 130

安全基地　86

怒りの温度計　47-52, 88, 122, 131, 139, 143, 144

怒りの感情の適応的な機能　15

怒りの正体　26, 27, 117, 132, 152

怒りの氷山モデル　26-28, 110, 116

一次感情　25, 27

一点集中法　44

今の気持ちをチェック　94, 104, 108, 110, 119, 144

イメージトレーニング　45, 46

いやいやワーク　98

延期によるストレッサー回避法　40

か行

解離状態　81, 85

顔のリラクセーション　46

過大評価・過小評価　58

肩のリラックス　38

過度な一般化　58

考え方のくせ　22, 32, 33, 56, 59-67, 96

考え方の幅を広げる　64, 67, 112,

153

125

感情の言語化 50, 52, 85, 124

感情の言葉 49, 76, 82, 85, 87, 90, 96, 106, 107, 113, 124, 130, 135, 139

感情を聴く 69, 109, 115, 129, 136

完璧主義 57, 96

気分転換 41, 42, 54

きれる子 79-82, 87

筋弛緩法 38, 42, 55, 124

クッション言葉 75

計画的なストレッサー回避法 39

傾聴 33, 67-70, 136

健康的な怒り 31

心の救急箱 67, 144

さ行

サイン 15, 26, 79, 84, 87-89, 127, 130, 143

　ハンド―― 88

思考停止法 44

自己理解 28, 61, 102, 112, 113

思春期 85, 102, 113-115, 124, 128

児童期 101-103

自動思考 60, 61, 119

執着・しがみつき 59

消去動作 37

白黒思考 57, 96, 118

身体感覚 31, 50, 52, 85, 96, 97, 99, 106, 107, 112, 115, 119, 124, 138

信念 60

新聞パンチ 36

ストレスとストレッサー 18

ストレス風船ワーク 22-25

ストレスマネジメント 32-35, 43, 49, 55, 109, 112, 119, 122, 124, 143

ストレス免疫訓練法 14, 15

ストレッサー 18-25, 30, 33, 36, 39, 40

すべき思考 56

セルフケア 54

セルフトーク 42-44, 109, 132

た行

タイムアウト 40-42

他罰思考 59

冷たい水で顔を洗う 39

冷たい水を飲む 39

手のリラックス 38

とけあい動作法 52, 86

　肩への―― 53

な行

二次感情 27

認知行動療法 14, 16, 17, 112

認知変容 33, 56, 65, 112, 125

さくいん

ネガティブな感情　15, 21, 27, 30,
　32, 37, 39, 42, 44, 45, 50, 52,
　77, 81-89, 91, 94-99, 101, 104,
　107-118, 124, 129, 133-140,
　142, 143

は行

パワーハラスメント　16, 19, 131
被害的思考　59
表情スタンプ　88, 89, 96, 104,
　144

ま行

魔法のことば　42
メンタルヘルス予防　16
喪の作業　97
問題となる怒り　31

ら行

リラクセーション　14, 32, 38, 46,
　47, 55
ロールプレイ　75, 76, 112, 114,
　122, 125

ワークシートのダウンロード方法

　本書で紹介しているワークシートの PDF データを小社ホームページからダウンロードできます。このダウンロードができるのは，本書の購入者に限ります。購入者以外での利用はご遠慮ください。

　また，本データの利用には，Adobe 社の Acrbat Reader 等の PDF 閲覧ソフトが必要になります。（Adobe 社以外のアプリケーションによる動作確認はしていません。PDF がうまく開かない場合は，Adobe 社の製品をお使いください。また，ご使用のアプリケーションのバージョンが古い場合も考えられますので，最新のものにバージョンアップしてご利用ください。）

本データのダウンロードの仕方
① 空メールを以下のアドレスに送ってください。
　　buchichisatokeiam@tomishobo.com
② 自動返信のメールが返ってきます。そこに記された HP アドレスにアクセスしてください（小社の HP アドレスです）。
③ そこでダウンロードが可能になります。
④ データは zip 圧縮をしていますので，それを解凍しお使いください。解凍の際はパスワードが必要です。
⑤ ファイルサイズは 1.5 M ほどです。
⑥ うまくいかない場合は，小社 tomi@tomishobo.com までご連絡ください。

ダウンロードできるワークシート
p.23　ストレス風船ワークシート（大人用）
p.24　ストレス風船ワークシート（中学生・高校生用）
p.48　怒りの温度計
p.62　アンガーログシート
p.66　心の救急箱
p.95　今の気持ちチェックシート
p.105　今の気持ちをチェック！シート（小学校低学年用）
p.105　今の気持ちをチェック！シート（イラストなしバージョン）
p.120　出来事と自分の行動を整理するシート
p.121　アンガーコントロールシート

一般社団法人アンガーマネジメントジャパン
http://www.amjapan.or.jp/

アンガーマネジメントを学べる定額制動画配信サイト
「ASCLA オンライン」 https://elearning.ascla.jp/

著者略歴

佐藤　恵子（さとう　けいこ）

一般社団法人アンガーマネジメントジャパン　代表理事

　　東京国際大学大学院臨床心理学研究科　臨床心理学専攻博士課程（前期）を修了後，臨床心理士の資格取得。アメリカにてアンガーマネジメントを学ぶ。

　　精神科クリニック勤務を経て，東京都公立小学校・中学校の元スクールカウンセラー。2009 年より学校にアンガーマネジメントを伝え，カリキュラムとして導入される。現在，私立中学校・高等学校にスクールカウンセラーとして勤務しながら，教育分野では教員や保護者対象の研修・講演等を行っている。また，小学生・中学生・高校生向けのテキストの研究・開発，小学生・中学生・高校生対象の授業も実施している。福祉・医療分野では援助職対象の研修，企業においてはメンタルヘルスやパワーハラスメント防止の研修，法人主催の基礎研修，応用研修１，応用研修２，実践リーダー研修も行っている。

主な著書

　　『怒りの裏側にあるもの―心の扉を開けたその先に』文芸社，『先生と子どもの「怒り」をコントロールする技術』ナツメ社，小学生向けテキスト『アンガーマネジメントプログラム―笑顔の毎日　自分の気持ちと上手につき合おう！』一般社団法人アンガーマネジメントジャパン，中学生向けテキスト『怒りやわらかステップ―自分の気持ちと上手に付き合うためのアンガーマネジメント』怒りやわらかステップ作成委員会，『アンガーマネジメント Step Up Ⅰ（応用編）』，『アンガーマネジメント Step Up Ⅱ（発展編）』，高校生向けテキスト『Anger Management Vol.1』一般社団法人アンガーマネジメントジャパン，『Ｑ＆Ａでわかる！先生のためのアンガーマネジメント』明治図書など

デザイン：株式会社イングラムジャパン　　イラスト：江川有佳

イライラに困っている子どものためのアンガーマネジメントスタートブック
教師・SCが活用する「怒り」のコントロール術

2018 年 11 月 1 日　第 1 刷
2022 年 9 月 1 日　第 4 刷

著　者　佐藤恵子
発行人　山内俊介
発行所　遠見書房

〒 181-0001 東京都三鷹市井の頭 2-28-16
株式会社　遠見書房
TEL 0422-26-6711　FAX 050-3488-3894
tomi@tomishobo.com　https://tomishobo.com
遠見書房の書店　https://tomishobo.stores.jp/

ISBN978-4-86616-076-4　C0011
©Sato Keiko 2018
Printed in Japan

※心と社会の学術出版　遠見書房の本※

クラスで使える！　　　（CD-ROM つき）
アサーション授業プログラム
『自分にも相手にもやさしくなれるコミュニケーション力を高めよう』
　　　　竹田伸也・松尾理沙・大塚美菜子著
プレゼンソフト対応の付録 CD-ROM と簡単手引きでだれでもアサーション・トレーニングが出来る！ 2,860 円，A5 並

クラスで使える！　　　（CD-ROM つき）
ストレスマネジメント授業プログラム
『心のメッセージを変えて気持ちの温度計を上げよう』
　　　　　　　　　　　　　　　竹田伸也著
認知療法が中小のストマネ授業教材としてパワーアップ！　付録の CD-ROM と簡単手引きでだれでも出来る。ワークシートの別売あり。2,860 円，A5 並

学校で使えるアセスメント入門
スクールカウンセリング・特別支援に活かす臨床・支援のヒント
　　　　（聖学院大学教授）伊藤亜矢子編
ブックレット：子どもの心と学校臨床（5）児童生徒本人から学級，学校，家族，地域までさまざまな次元と方法で理解ができるアセスメントの知見と技術が満載の 1 冊。1,760 円，A5 並

学校では教えない
スクールカウンセラーの業務マニュアル
心理支援を支える表に出ない仕事のノウハウ
（SC／しらかば心理相談室）田多井正彦著
ブックレット：子どもの心と学校臨床（4）SC の仕事が捗る 1 冊。「SC だより」や研修会等で使えるイラスト 198 点つき（ダウンロード可）。2,200 円，A5 並

教師・SC のための
学校で役立つ保護者面接のコツ
「話力」をいかした指導・相談・カウンセリング
　　　　（SC・話力総合研究所）田村　聡著
ブックレット：子どもの心と学校臨床（3）保護者対応に悩む専門職ために臨床心理学の知見をいかした保護者面接のコツを紹介！　1,760 円，A5 並

一人で学べる**認知療法・マインドフルネス・潜在的価値抽出法ワークブック**
生きづらさから豊かさをつむぎだす作法
　　　（鳥取大学医学部教授）竹田伸也著
認知行動療法のさまざまな技法をもとに生きづらさから豊かさをつむぎだすことを目指したワークを楽しくわかりやすく一人で学べる 1 冊。1,320 円，B5 並

興奮しやすい子どもには
愛着とトラウマの問題があるのかも
教育・保育・福祉の現場での対応と理解のヒント
　　　　西田泰子・中垣真通・市原眞記著
著者は，家族と離れて生きる子どもたちを養育する児童福祉施設の心理職。その経験をもとに学校や保育園などの職員に向けて書いた本。1,320 円，A5 並

世界一隅々まで書いた
認知行動療法・認知再構成法の本
　　　　　　　　　　　　　　伊藤絵美著
本書は，認知再構成法についての 1 日ワークショップをもとに書籍化したもので，ちゃんと学べる楽しく学べるをモットーにまとめた 1 冊。今日から使えるワークシートつき。3,080 円，A5 並

ママたちの本音とグループによる子育て支援
「子どもがカワイイと思えない」と言える場をつくる
　　　（北星学園大学名誉教授）相場幸子著
子育てに悩む母親のためのグループ支援の活動記録の中から心に残るやりとりを集めた 1 冊。「母親なら子どもためにすべてを犠牲すべき」などの社会の，母親たちの本当のこころ。1,980 円，四六並

公認心理師の基礎と実践　全 23 巻
　　　　　野島一彦・繁桝算男 監修
公認心理師養成カリキュラム 23 単位のコンセプトを醸成したテキスト・シリーズ。本邦心理学界の最高の研究者・実践家が執筆。①公認心理師の職責〜㉓関係行政論 まで心理職に必須の知識が身に着く。各 2,200 円〜 3,080 円，A5 並

価格は税込みです